매일매일 건강 담은 한 접시

아이러브샐러드

아이러브샐러드

펴낸날 초판 1쇄 2011년 3월 5일 ㅣ 초판 10쇄 2014년 7월 10일

지은이 김영빈

펴낸이 임호준
이사 홍헌표 이동혁
편집장 김소중
편집 1팀 윤은숙 김은정 김송희
디자인 왕윤경 김효숙 ㅣ **마케팅** 강진수 김찬완 권소회
경영지원 나은혜 박석호 ㅣ **e-비즈** 표형원 이용직 배은지 고연정

기획 윤세미 ㅣ **인쇄** 자윤프린팅
사진 조은선 황성제 ㅣ **요리 어시스턴트** 노신영 박정아 이슬기

펴낸곳 비타북스 ㅣ **발행처** ㈜헬스조선 ㅣ **출판등록** 제2-4324호 2006년 1월 12일
주소 서울특별시 중구 태평로1가 61 ㅣ **전화** (02) 724-7636 ㅣ **팩스** (02) 722-9339
홈페이지 www.vita-books.co.kr ㅣ **블로그** blog.naver.com/vita_books

ISBN 978-89-93357-49-3 13590

매일매일 건강 담은 한 접시

아이러브샐러드

김영빈 지음

비타북스

시작하세요!
먹을수록 건강해지는 샐러드 한 접시의 기적!

8년 동안 요리를 만들고 또 가르치면서 많은 사람을 만나왔습니다.
다이어트 때문에 샐러드에 관심을 가진 20대 여대생부터
가족을 위한 건강 샐러드를 만들고자 찾아온 30대 주부까지,
배우고자 하는 부분도 나이도 모두 달랐지만 고민은 한결같았습니다.
"재료와 드레싱, 레시피까지! 샐러드는 너무 어려워요!"

질문을 받을 때마다 저의 대답도 늘 똑같습니다.
"여러분은 '샐러드' 하면 가장 먼저 머릿속에 떠오르는 장면이 무엇인가요?
패밀리레스토랑 샐러드 바에 진열된 몇몇 개의 샐러드?
나른한 오후, 브런치를 즐기는 'sex and the city'의 한 장면?
저는 흰 접시에 화려하고 멋들어지게 담긴 샐러드보다
입맛 없을 때 만들어 먹는 오이무침과 갖은 나물이 생각나요."

손질하고 뿌리고 버무리고…….
샐러드를 만드는 과정을 살펴보면 가정에서 많이 먹는 우리네 무침요리와 많이
닮아 있어요. 이렇듯 샐러드에 대한 선입견을 바꾸면 샐러드에 대한 고민이 호
기심과 즐거움으로 바뀐답니다.

'어떻게 하면 몸에 좋은 샐러드를 생활 속에서 늘 만들어 먹을 수 있을까?' 고민한
끝에 냉장고에 항상 있는 재료로 레시피를 구성해 쉽고 간편하게 샐러드를 즐길 수
있도록 했어요. 재료를 구입·손질·보관할 때 알아둬야 할 노하우를 한눈에 볼 수
있도록 정리해 재료 낭비 없이 알뜰하게 샐러드를 만들 수 있답니다. 뿐만 아니라

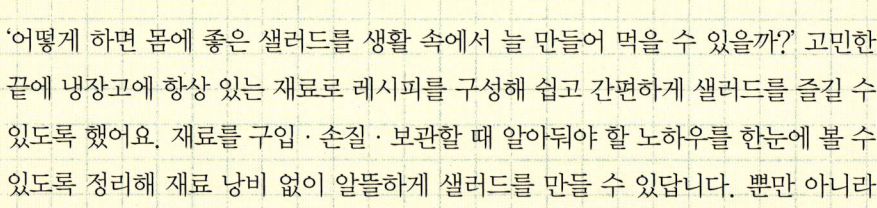

조리 과정 중 꼭 잊지 말아야 할 부분을 꼼꼼히 짚어놓았고, 샐러드를 만들고 남은 재료로 만들 수 있는 주스와 샌드위치도 소개했어요.

드레싱은 '설탕 : 식초 : 소금 = 1 : 2 : 1/2'의 황금비율 공식에 준해 어떤 재료와 만나도 간이 딱 맞는 드레싱을 만들 수 있어요. 드레싱을 만드는 재료 또한 부엌에 늘 있는 간장, 된장, 고추장, 참기름 등을 응용해 쉽고 간편하게 한국인의 입맛에 맞는 드레싱을 만들 수 있게끔 했습니다. 지금 당장 어떤 드레싱을 먼저 만들어야 할지 모르겠다면 '드레싱 추천!'을 펼쳐보세요! 매일 먹어도 질리지 않는 데일리 드레싱부터 재료와 맛에 따라 골라 먹는 드레싱까지, 드레싱에 관한 모든 것을 총망라했습니다.

5분만에 뚝딱 만드는 간단 샐러드, 식사 대용으로 즐길 수 있는 한 끼 샐러드, 칼로리가 낮은 재료로 구성한 다이어트 샐러드, 밥·국과 잘 어울려 반찬으로 먹을 수 있는 한식 샐러드, 놓치기 쉬운 기본 샐러드까지! 이 세상의 모든 샐러드를 〈아이 러브 샐러드〉 한 권에 담았습니다.
아직도 샐러드가 낯설고 어렵다면 〈아이 러브 샐러드〉로 차근차근 시작해보세요!
샐러드 바의 샐러드, 'sex and the city'의 브런치 못지않은 근사한 나만의 샐러드가 완성될 거예요!

2011년 봄, 진심이 전해지길 바라며

김영빈

Contents

Part 1 샐러드 **준비하기**

Part 2 드레싱 **준비하기**

Part 3 뿌리고 버무리면 끝!
간단 샐러드

Part 4 영양 꽉 찬~
한 끼 샐러드

채소, 과일, 육류, 해산물까지!

무궁무진 샐러드 재료 200% 활용하기!

Part 1

샐러드
준비하기

샐러드 기본 공식

맛있는 샐러드를 만드는 5가지 황금 법칙!
기본만 지킨다면 어떤 샐러드를 만들더라도 실패하지 않을 거예요.

 01

다양한 조리법을 사용하세요

매일 생으로 먹는 샐러드의 채소는 물리거나
질려 매 끼 먹는 것 자체가 힘들지요. 데치기,
볶기, 굽기, 튀기기, 조리기 등의 다양한 조
리법을 사용하여 다채로운 변화를 주면 매
일 먹는 샐러드 채소도 색다른 느낌
으로 먹을 수 있어요.

 02

채소의 물기 제거는 필수예요

잔류 농약이나 기타 오염물질을 빼내기 위해 물에
담가두거나 흐르는 물에 여러 번 씻게 되는 샐러드용
채소는 꼭 물기를 제거하고 사용해야 해요. 수분을 머
금은 채소는 싱싱해 보이기는 하지만 소스나 드레싱
의 맛을 싱겁게 하고 재료에 겉물이 돌게 해 쉽게
무르고 상하게 만들어요. 샐러드 스피너나
키친타월을 이용하면 물기를 간단하
게 제거할 수 있어요.

주 · 부재료나 드레싱,
용기의 온도도 꼼꼼히 신경 쓰세요

새콤달콤한 드레싱은 차가울 때 가장 맛이 잘 느껴지
고 과일은 냉장고에서 꺼낸 지 15분 정도 후에 단맛이
제일 좋아요. 차가운 샐러드는 차갑게 먹을 수 있게
담는 그릇을 미리 냉장고에 넣어두고, 따뜻하게 먹
는 샐러드는 먹는 동안에 차갑게 식지 않도록
그릇을 살짝 데워 놓는 게 좋아요.

How to 04

각 재료 간의 궁합과 드레싱의
조화를 충분히 고려하세요

샐러드 재료 간의 색이 단조롭고 맛이 담담할 경우 화려
하고 자극적인 드레싱을 곁들이면 식욕을 높이는 데 도움
을 줘요. 달콤한 과일을 사용한 샐러드에는 쌉쌀한 치커리
나 짭짤한 해산물을 곁들이면 과일의 단맛이 더욱 살아
납니다. 향이 강한 채소에는 해산물이나 육류를, 맛
과 향이 밋밋한 채소에는 누린내가 덜한 가금류
를 곁들이는 것도 좋은 방법입니다.

 **How to 05**

소스나 드레싱은 먹기 직전에
뿌리고 살살 섞어주세요

생 채소는 간한 뒤 너무 버무리게 되면 조직이
물러지며 풋내가 나기 시작합니다. 소스나
드레싱은 먹기 직전에 뿌려 살살 섞는 게
좋아요.

SALAD 2

재료 구입 노하우

채소, 과일부터 육류와 해산물까지, 샐러드 재료는 참으로 무궁무진하죠.
건강을 생각한다면 무엇보다 영양과 신선함을 따져서 재료를 꼼꼼히 구입하는 게 좋아요.

1 제철의 신선한 먹을거리 위주로 고르세요

제철에 난 먹을거리는 오랜 세월 동안 그 계절에 맞는 유전자를 만들어가며
생존해 왔기 때문에 맛과 영양이 풍부하며 농약이나 화학비료의 힘을 덜 받고
도 잘 자랍니다. 여름의 제철 토마토와 겨울의 하우스 토마토는 리코펜 함량
이 4배나 차이 날 정도니까요. 또 제철의 먹을거리는 별다른 드레싱이 없어도
맛이 달고 싱싱하며 건강에도 좋아요. 맛과 영양면에서도 가치가 있지만 무엇
보다 가격이 저렴해 마음껏 먹어도 경제적 부담이 덜하답니다. 난방 하우스
재배로 채소 값이 비싼 겨울에는 쌈채소를 고집하지 말고 저장배추나 무, 시
금치 등으로 훌륭한 샐러드를 만들어보세요.

2 손질된 재료보다 통으로 구입하세요

싱글족이나 소가족이 많은 요즘은 1인분씩 손질된 식재료들을 손쉽게 구입할
수 있어요. 하지만 채소나 과일은 껍질을 벗기거나 절단했을 때부터 비타민이
손실되기 시작해요. 손질된 상태로 유통되는 채소와 과일 등은 유통기간 동안
비타민이 손실되고 세균이 흡착되거나 단맛이 빠져 통으로 구입한 채소나 과
일보다 맛과 영양면에서 좋지 않아요. 손질하기 번거롭더라도 흙이 묻은 당근
과 감자, 뿌리가 달린 시금치, 통으로 포장된 양상추나 양배추, 껍질이 있는
파인애플과 멜론 등을 구입하는 것을 추천합니다.

❸ 물이 많이 묻은 잎채소는 피하세요

수분을 많이 머금고 있는 싱싱한 잎채소를 골라 봉지에 넣어 보관하다보면 쉽게 무르게 됩니다. 살짝 시든 것 같지만 수분을 머금지 않고 있는 잎채소를 구입하는 것이 보관과 신선도에 있어 더 좋아요. 줄기를 자른 단면이 마르거나 변색된 잎채소는 오래된 것이므로 구입하지 않는 게 좋습니다.

❹ 녹색, 황색, 담색 채소와 과일을 골고루 구입하세요

채소나 과일은 종류나 색마다 영양 성분과 먹었을 때의 효능이 달라요. 녹황색이 진한 채소와 과일은 담색 채소에 비해 비타민C와 베타카로틴이 풍부해요. 담색 채소에는 녹황색 채소에 없는 성분들이 들어 있고요. 각 채소와 과일의 비타민, 미네랄, 무기질 등을 고루 섭취하려면 편식하지 말고 여러 가지 색의 채소나 과일을 골고루 먹는 게 좋아요. 같은 녹황색 채소라도 시금치의 성분과 당근의 성분은 다르고 맛과 식감도 다르니까요. 또한 하루에 담색 채소 200g, 녹황색 채소 100~150g을 섭취하는 것이 영양면에서 좋답니다.

❺ 다른 식품과의 궁합도 생각하며 장을 보세요

채소나 과일이 중심이 된 샐러드가 몸에 좋고 영양도 우수한 것은 사실이지만 채소나 과일만 섭취하는 것은 영양 불균형을 가져오기 쉬워요. 때문에 5군 식품을 골고루 먹는 것을 추천합니다. 육류, 어류, 견과류, 곡류 등을 고루 곁들여 먹어야 영양 상승 작용도 일어나게 돼요. 예를 들어 깻잎과 쇠고기를 곁들여 먹으면 깻잎의 비타민과 무기질 흡수율이 좋아지고 쇠고기의 콜레스테롤 수치가 낮아지며 깻잎에 부족한 지방과 단백질이 공급됩니다. 또한 다이어트를 할 때 오로지 샐러드만 먹는 경우, 찬 성질의 채소들이 몸에 누적돼 몸이 차가워지고 신진대사가 떨어질 수 있으니 따뜻한 성질의 채소나 기타 육류나 견과류를 곁들여 먹어야 해요.

SALAD 3

재료 손질 노하우

똑같은 재료로 만든 샐러드인데도 맛이 다르다면 무엇이 문제일까요?
비밀은 바로 재료의 손질에 있습니다.
재료의 맛을 200% 끌어올리는 손질법을 공개합니다!

1 장시간 물에 담가두지 마세요

샐러드를 만들 땐 아삭한 식감을 살리기 위해 채소를 채 썰거나 한입 크기로 잘라서 물에 담가두는 경우가 많아요. 이때 너무 오래 담가두면 채소에 들어 있는 수용성 영양소들이 물속에 녹아들고 특유의 향과 맛이 사라지게 됩니다. 영양소와 맛을 유지하기 위해서는 채소를 통째로 물에 담가두었다가 먹기 직전에 손질하거나 미리 손질한 채소를 잠깐만 물에 담가두는 것이 좋아요.

2 절여야 하는 채소는 먼저 절여서 겉소금과 물기를 제거하세요

'싱싱한 채소에 무슨 조리 과정이야?'라고 생각할 수도 있지만 마요네즈에 버무리는 기본 샐러드의 경우에는 채소를 살짝 절여 수분을 제거한 후 먹는 게 좋아요. 채소를 절일 때는 소금으로 간한 뒤 겉에 묻은 소금을 잘 씻어 짜거나 닦아 수분을 제거하고 사용하세요. 겉소금은 채소를 무르게 하고 드레싱이 채소에 스며드는 것을 방해하며 쓴맛을 낸답니다.

③ 익히거나 데쳐야 하는 채소들은 미리 손질해서 온기를 없애요

단호박이나 감자, 고구마 같은 채소들은 익혀서 으깨거나 큼직하게 썰어 사용하는 게 일반적이지요. 웜샐러드가 아닌 차갑게 먹어야 하는 샐러드에 식지 않은 재료를 올리면 여린 잎채소가 익어 식감을 떨어뜨리고 재료 본연의 맛을 느낄 수 없게 하므로 버무리기 전에 미리 식혀주세요.

④ 조직이 단단한 채소는 드레싱으로 먼저 밑간하세요

양상추나 치커리 같은 잎채소는 드레싱이나 소스가 빨리 침투하지만 고구마, 감자, 단호박 같은 재료는 조직이 단단하여 간이 서서히 배어들게 됩니다. 이런 재료와 잎채소를 함께 버무려 먹으면 당연히 드레싱이나 소스의 침투 속도가 달라 어떤 것은 간이 맞고 어떤 것은 간이 안 맞지요. 이럴 때는 미리 밑간을 하거나 드레싱을 먼저 뿌려둬 간이 재료에 고르게 배도록 해주세요.

⑤ 잎채소를 데칠 때는 넉넉한 물에 단시간 동안 데쳐요

잎채소를 데칠 때 물에 영양소가 녹아나온다고 소량의 물에 데치는 경우가 있는데 오히려 적은 양의 물에 데치면 익는 시간이 길어져 영양소가 더 많이 유실되고 농약이나 중금속이 물속에 고농도로 농축된답니다. 넉넉한 양의 물에 통째로 넣었다가 바로 빼는 정도로 데치는 것이 맛도 좋고 영양소 파괴도 적어요. 줄기나 뿌리가 있는 채소는 곁잎만 손질한 다음 뿌리째 혹은 줄기째 데치는 게 좋아요. 대부분의 채소는 단단한 부분부터 끓는 물에 넣어야 익는 정도가 균일해진답니다.

⑥ 육류는 핏물을 제거하고 밑간하세요

고기의 핏물은 누린내의 원인이 됩니다. 핏물을 빼지 않고 조리하면 누린내가 나고 간도 잘 배지 않지요. 차갑게 먹는 경우라면 손질을 제대로 안 한 육류에서 누린내가 심하게 나서 식감을 떨어뜨려요. 드레싱을 끼얹어 먹기 때문에 밑간을 소홀히 할 수도 있지만 육류의 밑간은 누린내를 예방하고 드레싱이나 소스가 더 잘 배게 하는 역할을 합니다.

재료 보관 노하우

SALAD 4

좀 더 오래 보관하고 싶은데, 먹는 것보다 버리는 것이 많은 현실!
남은 재료를 버리지 않고 알뜰하게 사용할 수 있는 보관법만 알아둔다면,
냉장·냉동이 쉬워져요!

① 냉장고에 오래 묵히지 마세요

손질한 뒤 먹는 과정에서 남는 재료는 무조건 냉장고에 보관하게 되는 경우가 많지요. 냉장고에 넣어두면 상하지 않고 싱싱하다고 생각하기 때문인데요. 너무 오랜 기간 냉동고와 냉장실에 머물러 냉기를 머금은 식품들은 신선한 채소보다 영양소가 더 많이 파괴된 상태이고, 먹었을 때 체열을 떨어뜨려 소화와 흡수에 방해가 된답니다. 채소는 수확 직후부터 비타민이나 미네랄이 감소하기 시작하는데 저장기간이나 보관기간이 길수록 영양소는 물론 맛과 풍미가 감소해요. 또 아스파라거스나 브로콜리 같은 채소들은 냉장고에 오래 묵히면 쓴맛이 강해져서 어떻게 조리해도 맛이 없어요. 냉장고에 오래 보관한 시금치는 철분 흡수를 방해해 빈혈을 유발하기도 합니다. 냉장고를 가득 채우지 않고 자주 자주 비우면 이러한 불상사를 막을 수 있답니다.

② 냉동 보관할 땐 1회 사용량씩 싸서 급랭하고 해동하세요

핵가족화가 되면서 단으로 묶어 파는 채소들은 사와도 한번에 다 먹지 못하기 때문에 보통 데쳐서 냉동해두는데요. 냉동할 때는 항상 1회 사용량씩 소단위로 담아서 보관해야 냉동되는 속도가 빨라져서 채소의 조직들이 맛있게 얼어요. 냉동되는 속도가 빨라야 식품 속의 수분이 순식간에 결정화되면서 재료가 가진 고유의 맛이 유지되기 때문이죠. 1회 사용량씩 담아 얼려두면 해동 시간도 빨라져 경제적이랍니다.

❸ 뿌리가 있던 쪽을 밑으로 향하게 세워 보관하세요

채소나 과일들은 알게 모르게 중력의 영향을 받기 때문에 눕혀서 보관하는 것보다 꼭지나 잎을 위로 향하게 하여 보관해야 신선한 상태가 더욱 오래 유지됩니다. 또 채소나 과일은 냉장고 안에서도 숨을 쉬므로 간격을 너무 붙여놓지 말고 여유 있게 떨어뜨려서 보관해야 오랫동안 신선해요.

❹ 과일은 먹기 30분 전이나 1시간 전에 꺼내두세요

바나나나 복숭아처럼 냉장고에 넣어두면 까맣게 변색되는 과일을 제외하고는 대부분의 과일은 섭취 전까지 냉장고에 넣어두게 되지요. 과일을 시원하게 먹는 것도 좋지만 대부분 과일의 단맛과 향은 온도가 높을 때 더욱 좋아진답니다. 먹기 30분 전이나 1시간 전에 미리 꺼내두면 요리 전체의 풍미가 좋아져요. 드레싱에 갈아 넣는 과일 또한 미리 꺼내두는 것은 두말할 필요도 없겠지요.

❺ 흙이 묻은 채로 보관하거나 젖은 키친타월에 싸서 보관하세요

냉장 진열대 바깥쪽에 놓고 파는 채소들은 흙이나 뿌리가 있는 것으로 구입해서 보관하는 것이 좋아요. 뿌리가 있는 채소들은 먹을 만큼만 덜어 물에 담가두면 더 빨리 싱싱하게 살아나요. 반면 냉장 채소 코너에서 구입한 채소들은 일정 부분의 수분을 공급해야 하는데 물에 담가두면 잎이 물러지므로 젖은 키친타월에 싸서 보관합니다.

SALAD 5

밥숟가락·종이컵 계량법

계량에 실패한다면 요리책이 무슨 소용 있을까요?
집에서 사용하는 밥숟가락과 종이컵으로 정량에 딱 맞게
계량할 수 있는 방법을 소개합니다!

밥숟가락 계량법

가루 재료

1큰술
일반 밥숟가락에
소복이 쌓인 정도
(또는 평평하게 하
여 1숟갈+1/2숟갈)

1작은술
일반 밥숟가락으로
1/2 정도

액체 재료

1큰술
일반 밥숟가락에
가득 차게 하여 2
숟갈 정도

1작은술
일반 밥숟가락에
가득 차게 하여 1숟
갈 정도

고체 재료(머스터드, 된장, 고추장 등)

1큰술
일반 밥숟가락에
소복이 쌓인 정도
(또는 평평하게 하
여 1숟갈+1/2숟갈)

1작은술
일반 밥숟가락으로
1/2 정도

종이컵 계량법

가루 재료

1컵(200cc)
종이컵을 가득 채
운 정도

1/2컵(100cc)
종이컵을 1/2 채운
정도

기본 도구

SALAD 6

소개된 도구를 꼭 갖춰야 할 필요는 없지만 가지고 있다면 편리하겠죠.
다섯 가지 기본 도구들만 있다면 재료를 손질할 때, 드레싱을 만들 때,
샐러드를 섞을 때 두루두루 활용할 수 있을 거예요.

채소탈수기
찬물에 담갔다 건지는 채소들은 물기를 머금고 있어 그대로 버무려 먹으면 싱겁고 맛이 없어요. 채소를 채소탈수기에 넣고 돌리면 빠르게 물기를 제거할 수 있어 좋아요. 집에 채소탈수기가 없는 경우 체나 소쿠리에 밭쳐두면 됩니다.

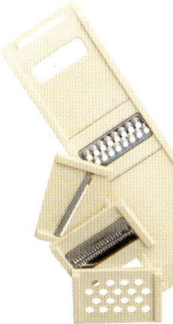

채칼
식재료를 얇게 썰거나 곱게 채썰 때, 칼질이 서투른 사람에게는 필수품인 도구예요. 균일한 두께에 고른 모양의 채가 나와 보기에 훨씬 정갈해요.

필러
감자, 당근, 우엉 등의 껍질을 벗기고 섬유질이 질긴 채소의 섬유질을 제거할 때 사용해요. 오이, 당근, 우엉 등은 칼로 썰지 않고 필러로 얇게 벗겨 찬물에 담갔다 사용하면 아삭한 식감이 더욱 잘 살아요.

볼
작은 크기의 볼보다는 넉넉한 볼에 재료를 고루 담고 살살 버무려내야 서로 채소가 부딪혀 무르거나 멍들지 않아 좋아요. 투명하고 예쁜 유리 볼은 상에 바로 올려내면 훌륭한 식기 역할도 해요.

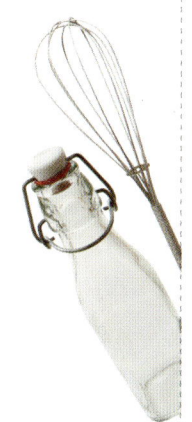

거품기, 소스병
볼에 모든 재료를 담고 고루 저어서 드레싱을 만들 때 거품기가 있으면 설탕이나 소금 등의 가루가 액체에 빨리 녹아 훨씬 편해요. 소스병은 드레싱 재료를 넣고 섞거나, 먹고 남은 드레싱을 담아서 보관할 때 좋아요.

샐러드에 자주 쓰는 식재료

SALAD 7

샐러드의 재료는 상상을 초월할 정도로 다양합니다. 열매와 뿌리, 줄기채소까지 다양한 채소는 물론 과일, 육류, 어패류까지 모두 샐러드의 재료로 사용할 수가 있어요. 또 우리 밥상에 오르는 콩나물무침이나 상추겉절이 같은 음식도 모두 샐러드의 범주에 속한답니다. 갖추고 있으면 뚝딱 샐러드 한 접시가 완성되는 재료들을 소개합니다.

채소와 과일류

양상추
구입 통으로 된 것. 묵직하고 겉잎이 진한 초록색을 띠고 있는 것.
TIP | 뿌리 부분이 분홍색이나 갈색으로 변한 것은 안쪽이 상했을 수도 있음.
손질 한입 크기로 뜯어 찬물에 담갔다가 물기를 제거.
보관 뿌리 쪽에 물에 적신 키친타월을 대고 겉잎이나 마른 키친타월로 감싸 비닐봉지에 넣어서 일주일에서 열흘 정도 냉장 보관.

로메인레터스
구입 겹겹이 붙은 잎이 탄력 있고 포기가 알차며 곧게 뻗은 것.
손질 한입 크기로 뜯거나 통째로 찬물에 담갔다가 물기를 제거.
보관 통째로 키친타월에 싸서 비닐봉지에 넣은 뒤 세워서 냉장 보관.

셀러리
구입 25cm를 넘지 않는 것. 뿌리 끝이 무르지 않은 것.
손질 잎부분을 잘라내고 줄기를 하나씩 뜯은 후 섬유질을 벗겨내고 채썰거나 어슷썰어 찬물에 담갔다 건져 물기를 제거.
보관 물기를 묻히지 말고 키친타월에 감싼 뒤 랩으로 말아 세워서 냉장 보관.

미니로사 · 롤라로사
구입 송이가 알차며 묵직한 것. 잎 가장자리가 무르거나 찢어진 것은 피한다.
손질 먹기 좋은 크기로 뜯어 찬물에 담갔다 건져서 물기를 제거.
보관 물기를 묻히지 말고 젖은 키친타월로 감싼 후 위생백에 넣고 냉장 보관.

겨자잎
구입 잎이 탄력 있고 줄기와 잎이 힘이 있으며 색과 결이 선명한 것.
손질 흐르는 물에 씻어 먹기 좋은 크기로 뜯어 찬물에 잠깐 담갔다가 물기를 제거.
보관 키친타월에 감싼 후 비닐봉지에 넣어 냉장 보관.

브로콜리 · 콜리플라워
구입 봉오리가 작고 꽃송이가 너무 피지 않고 황색이 섞이지 않은 것.
손질 깨끗이 씻어 줄기를 잘라내고 한입 크기로 송이를 나눈 뒤 끓는 소금 물에 데쳤다가 찬물에 헹궈 물기를 제거.
보관 밀폐용기에 넣어 보관.
TIP | 냉장 보관 시 일주일 정도, 냉동 보관 시 한 달 정도 유지.

아스파라거스

구입 전체적으로 색이 선명하고 단단하며 중간 크기 정도의 것.

손질 질긴 밑동의 줄기와 비늘을 제거.

보관 랩으로 싸서 냉장 보관하거나 끓는 물에 데쳐 냉동 보관. 시간이 지나면 쓴맛이 강해지므로 빨리 사용하는 게 좋음.

TIP | 화이트아스파라거스는 햇빛을 받으면 보라색으로 변하면서 쓴맛이 생기므로 보관에 특히 주의.

비타민

구입 잎이 통통하고 너무 크지 않으며 광택이 나는 진녹색을 띈 것.

손질 한 줄기씩 떼어 찬물에 담갔다가 건져서 물기를 제거.

보관 남은 것은 물기 없이 키친타월로 감싸 비닐봉지에 넣고 세워서 냉장 보관.

TIP | 잎이 빨리 누렇게 변색되므로 일주일 이내에 먹는 게 좋음.

루꼴라

구입 잎의 색이 선명하며 줄기에 탄력이 있는 것.

손질 줄기가 잘 부러지므로 받아놓은 물에 살살 흔들어 씻은 뒤 사용.

보관 젖은 키친타월로 감싸 보관.

양파

구입 모양이 둥글고 껍질이 광택이 있고 젖지 않은 것.

손질 껍질을 벗기고 채썰거나 반달썰기, 링썰기하여 찬물에 담갔다 사용.

보관 환기가 잘되는 건냉한 상온에서 보관.

감자 · 고구마

구입 세척된 것은 쉽게 싹이 나고 상하기 때문에 흙이 묻은 것으로 사는 게 좋음.

손질 껍질을 벗기고 용도에 맞게 잘라 찬물에 담가 녹말 성분을 제거하고 조리함

보관 냉장고에 넣으면 냉해를 입어 오래 익혀도 익지 않으므로 실온 보관.

단호박

구입 골이 선명하고 녹색이 진하며 묵직한 것.

TIP | 바로 먹는 것이라면 녹색보다는 살짝 갈색빛에 가까운 것을 구입하는 게 당도가 높음.

손질 껍질을 벗기고 먹기 좋은 크기로 잘라 씨를 긁어내고 김이 오른 찜통에 찌거나 통째로 찐 후 먹기 좋게 썰어 사용.

보관 자르지 않은 것은 물이 묻지 않게 하여 실온 보관. 손질하고 남은 것은 씨를 제거하고 냉장 보관. 보관 기간이 긴 경우 껍질째 쪄서 냉동 보관.

버섯류

구입 모양이 잘 잡히고 단단하며 표면에 희거나 노란 포자와 곰팡이가 피지 않는 것. 말린 버섯은 색이 밝고 모양이 온전한 것.

손질 스펀지 구조라 물에 씻지 않고 젖은 키친타월이나 면보로 살살 닦아내고 먹기 좋게 찢거나 잘라 사용.

보관 뿌리나 줄기가 붙은 채로 냉장고에 세워서 보관함.

오이 · 당근 · 무

구입 껍질에 광택이 있고 오이는 돌기가 싱싱한 것. 당근이나 무는 세척되지 않고 흙이 묻은 것을 구입.

손질 오이, 당근, 무 등 껍질이 두껍고 단단한 채소는 소금에 문질러 두었다가 잘 씻어 사용.

보관 오이, 세척당근, 무는 냉장 보관, 흙당근과 흙무는 서늘한 실온에 보관.

사과

구입 지나치게 광이 있는 것보다는 색이 곱고 진하나 조금 거친 느낌이 있는 것.

손질 껍질째 잘 씻어 씨를 제거하고 먹기 좋게 잘라서 손질.

보관 익으면 과일이나 채소를 후숙시키는 에틸렌가스 성분이 나오므로 잘 무르거나 잘 익는 채소 · 과일과는 함께 보관하지 않는 것이 좋음.

채소의 맛을 돋우는 곁들임 재료

파인애플
구입 손가락으로 눌렀을 때 살짝 들어가고 아랫부분이 노란빛을 띠면서 크라운 부분이 싱싱한 것.
TIP | 멍이 들어 있거나 끈적이는 것은 무르기 시작한 것이므로 구입하지 않는 게 좋음.
손질 크라운을 자르고 껍질과 심지를 두껍게 도려낸 뒤 알맞은 크기로 잘라 사용.
보관 밀폐 용기에 보관.

배
구입 껍질에 흠집이 없으며 꼭지가 싱싱하고 무르거나 눌린 곳이 없는 것. 껍질 표면의 색이 진하고 오돌토돌한 것.
손질 껍질과 씨를 제거하고 채를 썰거나 먹기 좋은 크기로 잘라 사용
보관 껍질째 냉장 보관.

바나나
구입 바로 먹는 경우 껍질에 검은 점이 박혀 있는 것. 오래 두고 먹는 경우 껍질과 꼭지가 단단하며 푸른빛을 띠고 묵직한 것.
손질 껍질을 벗기고 양쪽 1cm 정도는 잘라내고 생으로 먹거나 익혀서 먹음.
보관 바닥이 눌리지 않도록 꼭지 부분을 매달아 실온 보관.

딸기
구입 금방 무르기 때문에 한 번 먹을 분량만 구입.
손질 베이킹소다나 식초를 푼 물에 담가두었다가 찬물에 헹궈 사용.
보관 씻은 것은 당일 다 먹고 세척하지 않고 남은 것은 1~2일 정도 냉장 보관하나 장기 보관 시는 세척 후 급랭.

닭고기
구입 껍질과 살에 탄력이 있고 광택이 나는 것.
TIP | 피멍이 있거나 회색빛을 띠는 것은 구입하지 않는 게 좋음.
손질 용도에 맞게 잘라 밑간하여 굽거나 삶거나 쪄서 사용.
보관 남은 것은 1회분씩 싸서 냉동 보관.

> **추천!** 하림 슬림 닭가슴살 캔
>
> 닭고기를 사서 하나하나 손질하려면 번거롭죠. 손질이나 조리할 필요 없이 간단하게 샐러드를 만들 수 있는 하림 슬림 닭가슴살은 100% 하림농가에서 직접 사육한 국내산 닭을 사용해서 더욱 믿을 수 있어요. 샐러드뿐만 아니라 볶음밥, 반찬에도 다양하게 활용해보세요.

돼지고기
구입 살 전체가 연한 분홍색에 가까우며 지방이 희고 견고한 것. 쇠고기에 비해 세균 감염 및 부패 속도가 3배 정도 빠르기 때문에 한 번 쓸 만큼만 구입.
TIP | 표면이 갈색 또는 녹색을 띠거나 표면에 혈액이나 이물질이 묻어 있는 고기는 부패되었거나 부패될 가능성이 높으므로 구입하지 않는 게 좋음.
손질 용도에 맞게 잘라 밑간하여 굽거나 삶거나 쪄서 사용.
보관 냉장·냉동 시 1회분씩 비닐봉지에 싸서 보관.

쇠고기
구입 지방이 살 속에 고르게 퍼져 있는(마블링이 잘된) 것. 선홍빛을 띠고 표면에 광택과 탄력이 있는 것. 지방의 분리가 어려워 장기 보관 시 산패의 우려가 있으므로 먹을 만큼만 구입.
손질 용도에 맞게 잘라 밑간하여 굽거나 삶거나 쪄서 사용.
보관 냉동 시에는 비닐봉지에 넣고 부위와 용도를 기재하여 보관.

참치

구입 냉동 참치의 경우 색이 선명하고 결이 잘 살아 있는 것. 참치 통조림은 제조일자가 언제인지 첨가물은 무엇인지 꼼꼼히 살펴서 구입.

손질 냉동 참치는 약간 짭짤한 소금물에 담가 10~15분 정도 두었다가 면보나 키친타월로 싸서 냉장고에서 숙성. 참치 통조림은 체에 밭쳐 끓는 물을 끼얹은 뒤 사용.

보관 해동하지 않은 냉동 참치는 냉동 보관. 참치 통조림은 밀폐용기에 넣어 일주일 정도 냉장 보관 가능.

추천! 동원 델큐브 참치

믿을 수 있는 참치 통조림의 1등 브랜드 동원 제품으로 네모난 모양이 살아있어 샐러드에 특히 잘 어울려요. 기름기가 적고 부드러우며 맛이 담백해 남녀노소 누구나 거부감 없이 먹을 수 있어요. 특히 DHA, 오메가3가 풍부해 어린이 성장에 좋고 100g당 칼로리가 매우 낮아 다이어트 식재료로도 추천합니다.

연어

구입 연한 오렌지 빛이 선명하고 껍질에 광택이 있는 것. 냉동한 것은 가염인지 급랭제품인지 따져보고 구입. 훈제연어는 몸통 부분으로 만든 것이 유용.

손질 기름이 많아 조금 느끼하므로 레몬즙을 곁들여 밑간하였다가 굽거나 찌거나 훈제 상태로 먹음.

보관 남은 것은 냉동 보관.

파스타

구입 유통기한이 최대한 많이 남은 것으로 구입.

손질 차갑게 먹는 경우가 많으므로 봉지에 표시된 것보다 2~3분 정도 더 삶아서 사용.

보관 밀봉하여 건조한 곳에 보관.

곡류 · 콩류

구입 잡곡일수록 도정이 덜된 것이 많아 껍질 부분에 농약잔류가 없는 국내의 유기농 · 무농약 제품으로 구입.

손질 잘 씻어 부드럽게 불린 뒤 삶거나 쪄서 사용.

보관 냉장고 등 습도가 적당하고 서늘한 곳에 밀폐하여 보관.

견과류

구입 가공되거나 껍질이 벗겨진 것 말고 껍질이 붙은 것을 소량씩 구입한다.

손질 호두나 밤은 단단한 껍질을 잘 씻어 벗기고 속껍질째로 먹는 게 좋음.

TIP | 끓는 물에 한 번 데쳐내면 속껍질의 쓴맛이 사라짐.

보관 지방 산패의 우려가 있으므로 반드시 밀폐용기에 담아 보관.

추천! 캘리포니아 호두

호두에는 생긴 모양처럼 심장 건강에 좋은 불포화지방산 오메가3가 다른 견과류보다 월등히 많이 함유되어 있어요. 또한 호두는 인체에서 직접 생산되지 않고 음식을 통해서만 섭취할 수 있는 주요 지방산 ALA(alpha linolenic acid)와 DHA가 풍부한 건강 식재료랍니다.

'드레싱 추천'을 참고해 만들어보세요~

집에 있는 일반 양념으로 만드는 101가지 특별한 드레싱!

Part 2

드레싱
준비하기

드레싱 기본 공식

DRESSING 1

'설탕 : 식초 : 소금'을 '1 : 2 : 1/2' 비율로 넣으면?
한국인의 입맛에 딱 맞는 간의 드레싱이 완성된답니다.

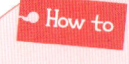

How to 01

드레싱의 신맛은 현미식초나 양조식초를 기준으로 하세요

2배식초나 과일식초처럼 맛과 향이 강한 식초보다는 맛이 순한 양조식초나 현미식초로 산도를 맞추어야 드레싱에 들어가는 주재료의 풍미를 제대로 살릴 수 있어요.

과일 향이 나는 드레싱을 만들고 싶다면
시판 과일식초에는 과일향만 첨가한 경우가 많으므로 과일의 풍미를 느끼고 싶다면 직접 과일을 다지거나 갈아서 만드는 게 좋아요.

How to 02

신맛과 단맛의 비율은 2 : 1 정도가 적당해요

드레싱을 만들 때 적당한 신맛과 단맛의 비율은 식초가 1일 때 설탕은 1/2 정도를 넣는 것이 알맞아요. 꿀은 설탕보다 달기 때문에 1/2보다 조금 적게, 메이플시럽, 아가베시럽, 올리고당은 제품마다 당도가 다르니 간을 보며 조금씩 넣어가세요.

How to 03

짠맛과 단맛의 비율은 1/2 ~ 1/3 정도가 적당해요

당도와 산도가 아무리 잘 맞아도 드레싱의 간이 맞지 않으면 샐러드에 버무려 먹어도 맛있다고 느껴지지 않아요. 짠맛을 내는 재료로 간장을 사용한다면 단맛과 동량이거나 1/2 정도, 소금이나 된장을 사용한다면 단맛의 1/2 ~ 1/3 정도를 넣는 게 가장 간이 잘 맞아요. 액젓이나 피시소스를 사용한다면 물에 희석해서 사용하세요.

드레싱 기본 공식
설탕 : 식초 : 소금 = 1 : 2 : 1/2

How to 04

과일과 채소를 갈아 드레싱을 만들 땐 액체 재료의 2배 정도를 넣으세요

과일이나 채소를 깍둑썰어 믹서에 넣었을 때 과일이나 채소 부피의 절반 정도 되는 액체 재료가 있어야 재료가 곱게 갈리고 과일과 채소의 풍미가 충분히 우러나요. 너무 깊이 잠기면 드레싱이 묽고, 너무 얕게 잠기면 되기 때문에 과일과 채소의 풍미가 제대로 나지 않아요.

How to 05

과일드레싱을 만들 땐 1/4~1/6 정도의 양파를 넣어보세요

과일을 갈아 드레싱을 만들면 과일의 단맛과 향이 너무 강해 드레싱의 풍미를 해치는 경우가 많아요. 이때는 과일의 단맛과 향을 줄이고 식욕을 돋우어주는 양파를 과일 부피의 1/4~1/6 정도 넣고 갈면 과일 맛이 중화되어 어떤 재료에도 잘 어울리는 드레싱이 된답니다.

How to 06

레몬즙을 쓸 경우 동량이나 1/2 정도의 식초를 더하세요

레몬즙의 향긋하고 새콤한 맛은 샐러드에 풍미를 더해주지요. 하지만 휘발성이라 신맛이 빨리 없어지므로 동량이나 반 정도의 식초를 섞어주면 레몬즙의 풍미도 살고 신맛도 오래 유지할 수 있어요.

How to 07

참기름이나 들기름은 동량의 식용유와 섞어 쓰세요

참기름이나 들기름은 독특한 향이 있어 일반 오일처럼 많은 양을 넣으면 샐러드의 풍미를 해치기도 해요. 향이 가벼운 식용유와 동량의 비율로 섞어 사용하면 텁텁한 맛과 강한 향은 줄이고 향긋하고 가벼운 드레싱을 만들 수 있어요.

드레싱 만들기 노하우

DRESSING 2

재료를 넣고 섞기만 하면 드레싱이 완성된다? 하지만 간이나 농도가 맞지 않거나
양이 부족하거나 남기 일쑤죠. 실패 없는 드레싱을 만드는 방법!
꼭 기억해뒀다가 맛있는 드레싱을 만들어보세요.

❶ 소금이나 설탕이 녹은 뒤 마지막에 오일을 넣으세요

오일은 위로 뜨는 성질이 있고 재료를 잘 섞이지 않게 하는 작용도 하
기 때문에 소금이나 설탕이 완전히 녹지 않은 상태에서 오일을 넣으면
싱겁고 느끼하지요. 모든 재료가 고루 섞인 뒤에 오일을 넣어야 모든
재료의 맛이 조화를 이룬 드레싱이나 소스가 만들어져요.

❷ 향을 내는 채소나 과일이 들어간 경우에는 간 장이나 소금을 조금 더 넣으세요

채소나 과일을 넣고 풍미를 낸 드레싱은 처음에는 간이
맞다가도 채소나 과일이 절여지면 싱거워져 맛이 변하는
경우가 많아요. 채소나 과일을 다지거나 갈아 사용할 때
는 간장이나 소금처럼 짠맛을 내는 양념을 조금 넉넉히 넣
으세요.

❸ 과일드레싱의 단맛과 짠맛은 믹서에 갈고 나서 다시 한 번 맞추세요

똑같은 과일이라도 당도와 산도는 저마다 다르게 마련이지요. 너무 단
과일이 있는 반면 시기만 한 과일도 있고 당도와 산도가 딱 맞아 떨어
지는 과일도 있답니다. 기본 재료들을 모두 넣고 갈아준 다음 약간의
식초와 설탕으로 당도와 산도를 맞추세요.

❹ 채소 중심의 샐러드나 한식 샐러드라면 조금 넉넉하게 준비하세요

밥이나 다른 요리와 곁들여 먹는 샐러드는 밥이나 빵과 함께 먹다보면 싱겁거나 드레싱이 부족할 수 있어요. 평소 샐러드를 먹을 때보다 소스나 드레싱을 조금 넉넉히 준비하면 충분히 반찬대용으로도 먹을 수 있어요. 또 채소가 중심이 되는 샐러드는 물에 담갔다가 건지면 부피가 늘어나서 드레싱이 모자랄 수 있으니 채소 중심의 샐러드에는 평소 분량의 1.2~1.3배 정도의 드레싱을 준비하는 것이 좋아요.

❺ 고추장이나 된장, 국간장, 고춧가루 같은 동양적인 양념으로 드레싱을 만들어보세요

아무리 채소를 좋아하는 사람이라도 매일 같은 드레싱에 샐러드를 먹다보면 조금 자극적인 맛을 찾게 마련이지요. 매콤한 무침이나 짭짤한 장아찌 느낌이 나도록 동양식 양념을 이용한 드레싱을 곁들여보세요.

❻ 레몬 껍질이나 오렌지 껍질도 버리지 말고 활용하세요

레몬 껍질이나 오렌지 껍질을 잘 활용하면 재료 낭비 없이 향긋한 드레싱을 만들 수 있어요. 곱게 채를 썰거나 다져서 드레싱에 넣으면 드레싱의 풍미가 업그레이드됩니다. 단 세척을 깨끗하게 하여 농약이나 왁스 등의 성분을 깨끗이 씻어내고 흰 부분은 꼼꼼히 저며낸 뒤 사용해야 쓴맛이 돌지 않아요.

❼ 견과류는 한번 볶아서 갈거나 다져 넣어요

다진 견과류와 간 견과류는 드레싱에 고소한 맛을 주는 역할을 하지요. 드레싱이나 샐러드에 사용하는 견과류는 마른 팬에 볶아 수분과 잡내를 제거한 뒤 사용하면 고소한 맛이 배가 된답니다.

부엌에 꼭! 필수 베이스

DRESSING 3

시중에 파는 드레싱은 무엇을 얼마큼 넣었는지 가늠이 안 갈 때가 한두 번이 아니죠. 막상 알고 보면 우리 집 부엌에 있는 것들인데 왠지 비싸고 어려운 재료가 들어갔을 것만 같은 예감이 들기도 하고요. 필수 베이스를 잘 활용하면 쉽게 다양한 드레싱을 만들 수 있어요.

부드러운 맛을 내는 재료

오일

유전자 조작이나 첨가물 걱정이 없는 안전한 재료를 사용한 오일을 골라서 사용하는 것이 좋아요. 보통 서양식의 샐러드에는 향이 강한 엑스트라 버진 올리브유를 사용하지만 동양식 샐러드에는 고소한 맛과 향을 지닌 쌀눈유 같은 오일이 더 잘 어울려요.

> **추천! 백설유 쌀눈유**
>
>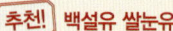
>
> 백설유 쌀눈유는 청정지역에서 키운 건강한 현미 한 가마(80Kg)에서 약 2Kg밖에 나오지 않는 쌀눈의 영양을 담은 100% 순식물성 식용유예요. 발연점이 240℃로 높고 한국인의 입맛에 친숙한 쌀 특유의 고소한 풍미를 지니고 있어 드레싱을 만들 때 자주 사용한답니다.

참기름 · 들기름

고소한 맛이 강하고 특유의 향이 있어 동양식 샐러드의 오일 베이스로 사용하면 좋아요. 맛이 너무 무겁다면 쌀눈유, 포도씨유와 섞어 사용하면 참기름이나 들기름의 향은 살고 맛은 가벼워져서 좋아요.

마요네즈

마요네즈는 시중에 파는 것을 사서 사용할 수도 있지만 핸드블랜더로 달걀노른자와 기호에 맞는 오일을 넣고 갈면 수제 마요네즈를 만들 수 있어요. 맛이 담백하고 부드러워 어떤 재료와도 무난히 잘 어울리는 장점이 있지만 칼로리가 높으므로 다이어트 중이라면 사용량에 주의하세요.

겨자 · 양겨자 · 씨겨자

동양 요리에는 톡 쏘는 맛이 강한 겨자를, 서양 요리에는 양겨자를 주로 씁니다. 제조과정 중 겨자씨를 넣은 씨겨자(홀스그레인머스터드)는 매운맛이 좀 더 강해 육류나 해산물 요리의 드레싱으로 잘 어울려요.

플레인 요거트

특유의 시큼한 맛이 있어 드레싱의 단골 메뉴로 사용되는데 유통기한이 짧고 변질이 잘 되므로 보관과 사용에 주의하세요.

신맛을 내는 재료

양조식초 · 현미식초
맛이 깔끔하고 색이 투명해 각종 드레싱과 요리에 신맛을 주는 데 사용합니다. 식초 대신 레몬을 직접 짜내 레몬즙을 사용하는 것도 깔끔한 신맛을 내는 방법 중 하나입니다.

과일식초
과일을 발효해 만든 천연 식초와, 빙초산이나 초산을 희석, 유기산 등을 첨가한 화학 식초가 있어요. 첨가물표를 꼼꼼히 읽어 천연 발효 과일식초를 구입하는 것을 추천합니다.

레드와인식초 · 발사믹식초
레드와인식초는 와인을 발효시킨 식초로 향이 강한 샐러드에 잘 어울려요. 발사믹식초는 가격이 비싼 것일수록 오랜 숙성과정을 거쳐 맛과 향이 더욱 진해요.

짠맛을 내는 재료

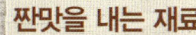

소금
일반적으로 간을 맞추는 데 가장 많이 쓰이는 재료로 이 책에서는 주로 천일염을 사용했어요.

간장 · 된장
콩을 발효해서 만든 간장이나 된장은 드레싱에 깊은 감칠맛을 주어 좋아요. 간장은 채소나 과일, 육류에 고루 잘 어울리고 된장은 해산물에 잘 어울려요.

피시소스 · 액젓 · 엔초비
피시소스와 액젓은 맛이 강하므로 물을 넣어 희석하여 쓰는 것이 좋아요. 엔초비는 서양 요리에 사용되는 멸치젓갈로, 다져서 드레싱에 넣거나 채소에 뿌려 먹어요.

단맛을 내는 재료

설탕
유기 성분과 무기질이 살아 있는 유기농 설탕을 쓰거나 여러 가지 단맛을 내는 재료를 대체할 수 있지만 각종 과일이나 채소의 향을 우려낸 드레싱에는 깔끔한 맛의 설탕이 더 잘 어울려요.

올리고당
설탕과 같은 단맛을 내면서도 칼로리는 설탕의 1/4 정도라 비만 예방에 좋아요. 단 원재료가 옥수수나 콩인 것은 유전자 변형 식품을 사용했을 가능성이 높기 때문에 꼼꼼히 따져보고 구입하세요.

꿀
양봉 꿀과 토종꿀은 꽃의 향이 있고 가격도 비싸 조리용으로 그리 적합하지는 않아요. 요리용으로는 비교적 향이 약한 잡화 꿀을 쓰는 게 좋아요. 각종 미네랄과 영양분이 살아 있어 파괴되지 않게 생으로 조리하는 음식에 사용하는 게 좋고요. 가열하는 경우 마지막에 넣고 살짝만 조리하는 것이 좋아요.

메이플시럽
단풍나무 수액을 조려 만든 시럽으로 독특한 향이 있어요. 설탕을 사용하지 않은 천연 당이기 때문에 건강에 신경 써야 하는 사람들에게 좋아요.

유자청 · 매실청
과일을 동량의 설탕이나 꿀에 재었을 때 우러난 즙을 청이라고 하는데 기본적으로는 매실청과 유자청 등이 있고 여러 가지 과일로도 만들 수 있어요. 단맛과 함께 과일의 향이 생겨 샐러드의 풍미를 한층 좋게 합니다.

드레싱 추천! 재료에 따라

DRESSING 4

샐러드를 구성하는 재료에 따라 어울리는 드레싱도 천차만별이랍니다. 채소드레싱에는 밋밋한 채소의 맛을 감춰주는 상큼한 드레싱이, 과일샐러드에는 과일의 신맛을 감소시켜주는 부드럽고 달콤한 드레싱이, 해산물샐러드에는 비린 맛을 없애주는 매콤한 드레싱이, 육류샐러드에는 육질을 부드럽게 해주는 드레싱이 잘 어울려요.

채소샐러드에 잘 어울리는 드레싱

들깨드레싱
들깨가루 2큰술, 들기름 1큰술, 식초 2큰술, 레몬즙 1큰술, 설탕 2작은술, 소금 1/2작은술

마늘드레싱
다진 마늘 2큰술, 올리브유 3큰술, 레몬즙 2큰술, 발사믹식초 1작은술, 설탕 1작은술, 소금 1작은술, 다진 파슬리 1작은술
TIP | 팬에 넣고 약불로 뭉근하게 끓이세요.

마배드레싱
마 50g, 배 1/6개, 식초 2큰술, 레몬즙 1큰술, 쌀눈유 1큰술, 설탕 1작은술, 소금 1작은술
TIP | 믹서에 넣고 갈아주세요.

바질페스토드레싱
바질 1송이, 올리브유 3큰술, 파마산치즈 2큰술, 발사믹식초 1큰술, 잣 2작은술, 마늘 1쪽, 소금·후추 약간씩
TIP | 믹서에 넣고 갈아주세요.

유자폰즈드레싱
유자청 1큰술, 다시마가스오부시 육수 2큰술, 간장 1과1/2큰술, 식초 1큰술, 레몬즙 1큰술, 설탕 1작은술

잣레드와인식초드레싱
굵게 다진 구운잣 1큰술, 레드와인식초 2큰술, 올리브유 2큰술, 발사믹식초 1작은술, 소금 1작은술, 후추 약간

토마토깻잎드레싱
깍둑썬 토마토 3큰술, 다진 깻잎 2큰술, 올리브유 3큰술, 식초 2큰술, 발사믹식초 1큰술, 간장 1큰술, 설탕 1큰술, 소금·후추 약간씩

허브버터드레싱
다진 바질 2작은술, 다진 파슬리 1작은술, 곱게 다진 양파 2큰술, 곱게 다진 마늘 1작은술, 버터 3큰술, 레몬즙 1큰술, 발사믹식초 1작은술, 소금 1작은술
TIP | 팬에 넣고 버터가 녹을 정도로 끓이세요.

홍시드레싱
체에 내린 홍시 4큰술, 레몬즙 2큰술, 소금 1작은술, 설탕 1/2작은술

과일샐러드에 잘 어울리는 드레싱

간장발사믹드레싱
간장 2큰술, 발사믹식초 2큰술, 올리브유 3
큰술, 레몬즙 1큰술, 다진 마늘 1작은술, 후
추 약간

녹차잎드레싱
불린 녹차잎 1큰술, 올리브오일 3큰술, 간
장 2큰술, 식초 2큰술, 설탕 1큰술
TIP | 녹차잎을 굵게 다져 나머지 재료와 섞어주
세요.

단팥드레싱
빙수용 팥 3큰술, 우유 2큰술, 쌀눈유 1큰
술, 소금 1/2작은술
TIP | 믹서에 넣고 갈아주세요.

레몬땅콩드레싱
레몬즙 3큰술, 다진 레몬 껍질 약간, 곱게
다진 땅콩 2큰술, 올리브유 1큰술, 설탕 1큰
술, 소금 1작은술

사과드레싱
사과 1/2개, 양파 1/4개, 올리브유 3큰술,
식초 2큰술, 레몬즙 1큰술, 설탕 1작은술
TIP | 믹서에 넣고 갈아주세요.

요거트드레싱
플레인 요거트 1/2컵, 마요네즈 1큰술, 설탕
1작은술, 소금 1작은술, 레몬즙 1작은술

카레파인애플드레싱
카레가루 1작은술, 파인애플 링 1조각(30g),
플레인 요거트 1/2컵, 레몬즙 2큰술, 설탕 1
작은술, 소금 약간
TIP | 믹서에 넣고 갈아주세요.

호두요거트드레싱
호두 4쪽, 플레인 요거트 1/2컵, 식초 1큰
술, 설탕 1작은술, 소금 1작은술
TIP | 호두를 다져 나머지 재료와 섞어주세요.

흑설탕드레싱
흑설탕 2큰술, 물 2큰술, 레몬즙 2큰술, 쌀
눈유 1큰술, 버터 1큰술, 소금 약간
TIP | 팬에 넣고 흑설탕이 녹을 정도로 끓이세요.

해산물샐러드에 잘 어울리는 드레싱

고추장아찌드레싱
다진 고추장아찌(또는 다진 청양고추) 1큰술, 고추장아찌 간장 3큰술(또는 간장 2큰술, 식초 1큰술, 설탕 1작은술), 참기름 1큰술, 깨소금 2작은술, 다진 마늘 1작은술

레몬식초드레싱
레몬식초 3큰술, 올리브유 2큰술, 설탕 1큰술, 다진 마늘 1작은술, 소금 1작은술

레몬제스트드레싱
다진 레몬 껍질 1큰술, 레몬즙 3큰술, 올리브유 1큰술, 설탕 1큰술, 소금 1/2작은술

마늘레몬드레싱
다진 마늘(입자가 약간 큰 것) 1과1/2큰술, 다진 레몬 껍질 1큰술, 레몬즙 3큰술, 참기름 1큰술, 설탕 1큰술, 소금 1작은술, 멸치액젓 1/2작은술

마늘바질드레싱
마늘 2쪽, 다진 바질 2작은술, 올리브유 3큰술, 식초 2큰술, 발사믹식초 1큰술, 소금 1작은술

TIP | 올리브유를 팬에 두르고 마늘을 구워 나머지 재료와 섞어주세요.

연겨자잣드레싱
연겨자 1큰술, 잣가루 1큰술, 물 2큰술, 식초 2큰술, 참기름 1큰술, 설탕 1큰술, 소금 1작은술

연겨자참깨드레싱
연겨자 2작은술, 참깨 2큰술, 다시마 육수 2큰술, 참기름 1큰술, 국간장 2작은술

흑임자초고추장드레싱
흑임자 1큰술, 고추장 2큰술, 고춧가루 1큰술, 식초 2큰술, 레몬즙 1큰술, 참기름 1큰술, 설탕 1큰술

육류샐러드에 잘 어울리는 드레싱

굴소스드레싱
굴소스 1큰술, 물 2큰술, 식초 2큰술, 참기름 1큰술, 설탕 1큰술

꿀마늘드레싱
꿀 1큰술, 다진 마늘 2큰술, 식초 2큰술, 간장 2큰술, 레몬즙 1큰술

볶은양파드레싱
다진 양파 4큰술, 레드와인식초 2큰술, 올리브유 1큰술, 물 1큰술, 발사믹식초 1작은술, 소금 1/2작은술

TIP | 올리브유와 물을 팬에 두르고 다진 양파를 구운 뒤 나머지 재료와 섞어주세요.

부추드레싱
다진 실부추(영양부추) 5큰술, 식초 3큰술, 간장 2큰술, 참기름 1큰술, 설탕 1큰술, 고춧가루 2작은술, 깨소금 2작은술, 다진 마늘 1작은술

생강간장드레싱
다진 생강 1작은술, 간장 3큰술, 식초 4큰술, 설탕 2큰술, 참기름 1큰술, 청주 1큰술, 깨소금 1작은술, 후추 약간

TIP | 팬에 넣고 생강의 매운 향이 줄어들 때까지 끓이세요.

씨겨자요거트드레싱
씨겨자 1큰술, 플레인 요거트 1/2컵, 레몬즙 1큰술, 꿀 1작은술, 소금 1/2작은술

양파파인애플드레싱
양파 1/4개, 파인애플 링 1조각(30g), 식초 2큰술, 올리브유 1큰술, 레몬즙 1큰술, 설탕 1작은술, 소금 1작은술

TIP | 믹서에 넣고 갈아주세요.

조린발사믹드레싱
발사믹식초 4큰술, 올리브유 2큰술, 다진 양파 2큰술, 레몬즙 1큰술, 다진 마늘 1작은술, 소금 약간

TIP | 팬에 발사믹식초를 넣고 반으로 졸아들 때까지 끓인 뒤 나머지 재료와 섞어주세요.

키위드레싱
키위 1개, 양파 1/4개, 포도씨유 3큰술, 식초 2큰술, 설탕 1큰술, 소금 1작은술

키위파인애플드레싱
키위 1/2개, 파인애플 링 1/2조각(15g), 양파 1/4개, 올리브유 3큰술, 식초 2큰술, 설탕 1작은술, 소금 1작은술

TIP | 믹서에 넣고 갈아주세요.

드레싱 추천! 맛에 따라

DRESSING 5

사진만 보고는 '어떤 맛일까?' 상상이 잘 안 되죠? 수많은 드레싱 중
내 입맛에 꼭 맞는 드레싱을 찾는 것도 고민될 거예요.
맛에 따라 드레싱을 분류해놓았으니 내 입맛에 딱 맞는 드레싱을 찾아보세요!

새콤달콤한 맛

딸기드레싱
딸기 1컵(150g), 양파 1/4개, 포도씨유 3큰
술, 식초 2큰술, 레몬즙 1큰술, 설탕 2작은
술, 소금 1작은술
TIP | 믹서에 넣고 갈아주세요.

매실청드레싱
매실청 2큰술, 식초 3큰술, 고춧가루 1큰술,
깨소금 1큰술, 설탕 1작은술, 다진 마늘 1작
은술, 소금 1작은술, 참기름 2작은술

머스터드허니마요네즈드레싱
머스터드 1큰술, 꿀 1큰술, 마요네즈 4큰술,
식초 2큰술, 소금 1작은술, 통후추 약간

발사믹드레싱
발사믹식초 2큰술, 올리브오일 1큰술, 다진
마늘 1작은술, 소금 1/2작은술, 후추약간

연겨자드레싱

연겨자 1큰술, 물 2큰술, 식초 2큰술, 설탕 1
작은술, 소금 1작은술, 참기름 1작은술, 간
장 약간
TIP | 연겨자를 물에 푼 뒤 나머지 재료를 넣고
섞어주세요.

오렌지마늘폰즈드레싱
다진 오렌지 껍질 1큰술, 다진 마늘 1큰술,
간장 2큰술, 다시마 육수 2큰술, 레몬즙 2
큰술, 설탕 1큰술

조린키위드레싱
골드키위 1/2개, 그린키위 1/2개, 물 1/2컵,
식초 2큰술, 설탕 1큰술, 레몬즙 1큰술, 소
금 1작은술
TIP | 그린 키위, 골드 키위를 깍둑썰어 나머지
재료와 함께 팬에 넣고 조리세요.

흑초드레싱
흑초 2큰술, 곱게 간 무 3큰술, 간장 2큰술,
참기름 1큰술, 설탕 1작은술

짭잘한 맛

겉절이드레싱
멸치액젓 3큰술, 물 4큰술, 고춧가루 2큰술, 깨소금 2큰술, 설탕 1큰술, 다진 마늘 1큰술, 참기름 1큰술

까나리액젓드레싱
까나리액젓 2큰술, 물 2큰술, 고춧가루 1큰술, 깨소금 1큰술, 참기름 1큰술, 설탕 1큰술, 다진 마늘 2작은술

미소드레싱
미소 2큰술, 다시마 육수 3큰술, 식초 2큰술, 참기름 2큰술, 깨소금 1큰술, 설탕 1큰술

생강폰즈드레싱
생강즙 2작은술, 간장 2큰술, 다시마 가스오부시 육수 2큰술, 식초 2큰술, 설탕 1큰술, 참기름 2작은술, 통깨 1작은술

씨겨자드레싱
씨겨자 1과1/2큰술, 올리브유 3큰술, 식초 3큰술, 꿀 1큰술, 소금 1작은술, 후추 약간

양파간장드레싱
다진 양파 3큰술, 간장 2큰술, 쌀눈유 2큰술, 식초 1큰술, 레몬즙 1큰술, 설탕 1작은술

엔초비드레싱
엔초비 1큰술(또는 멸치젓), 올리브오일 3큰술, 소금·후추 약간씩

TIP | 엔초비를 잘게 다져 나머지 재료와 함께 섞어주세요.

초간단드레싱
간장 2큰술, 식초 2큰술, 쌀눈유 1큰술, 설탕 1큰술, 참기름 2작은술

피시소스드레싱
피시소스 3큰술, 물 2큰술, 다진 청양고추·홍고추 1큰술씩, 설탕 2큰술, 식초 2큰술, 레몬즙 1큰술

고소하고 부드러운 맛

계피크림드레싱
계피가루 1작은술, 생크림 4큰술, 꿀 1큰술, 소금 1작은술

들기름드레싱
들기름 2큰술, 들깨가루 2작은술, 다진 마늘 1작은술, 소금 1/2작은술, 국간장 1/3작은술

메이플마요네즈드레싱
메이플시럽 1과1/2큰술, 마요네즈 3큰술, 레몬즙 1큰술, 식초 2작은술, 흰후추 약간

아보카도드레싱
아보카도 1/2개, 양파 1/4개, 식초 3큰술, 레몬즙 2큰술, 설탕 2큰술, 소금 1작은술, 후추 약간
TIP | 믹서에 넣고 갈아주세요.

참깨미소드레싱
참깨 2큰술, 미소 1큰술, 다시마 육수 2큰술, 식초 2큰술, 참기름 1큰술, 설탕 1작은술
TIP | 믹서에 넣고 갈아주세요.

크림치즈드레싱
크림치즈 3큰술, 플레인 요거트 2큰술, 레몬즙 1큰술, 다진 케이퍼 2작은술, 소금 1작은술, 흰 후추 약간
TIP | 냉장고에서 차게 보관하세요.

호두두부드레싱
호두 3쪽, 두부 1/4모, 두유 1/2컵, 레몬즙 3큰술, 설탕 2큰술, 올리브유 1큰술, 소금 1작은술
TIP | 믹서에 넣고 갈아주세요.

흑임자드레싱
흑임자가루 2큰술, 다시마 육수 2큰술, 쌀눈유 1큰술, 참기름 1큰술, 간장 1작은술, 다진 마늘 1작은술, 소금 약간

매콤한 맛

고추기름드레싱
고추기름 2큰술, 레몬즙 2큰술, 간장 1큰술,
다진 마늘 2작은술, 다진 생강 1/2작은술,
깨소금 1작은술, 설탕 1작은술, 소금 약간
TIP | 팬에 레몬즙을 제외한 재료를 넣고 볶아 향
을 낸 뒤 불을 끄고 레몬즙을 섞으세요.

고추드레싱
다진 청고추 2큰술, 다진 홍고추 1큰술, 간
장 2큰술, 식초 2큰술, 쌀눈유 1큰술, 설탕 1
큰술, 깨소금 1/2큰술, 다진 마늘 1작은술,
소금 약간

과일즙초고추장드레싱
갈아낸 키위 3큰술, 고추장 3큰술, 식초 3
큰술, 다시마 육수 1큰술, 설탕 1작은술, 깨
소금 2작은술, 참기름 2작은술, 다진 마늘
1작은술

레몬고추폰즈드레싱
다진 레몬 껍질 2작은술, 다진 청양고추 2
작은술, 간장 2큰술, 다시마 육수 2큰술, 레
몬즙 2큰술, 설탕 1큰술

매콤드레싱
고춧가루 1작은술, 다진 청양고추 1큰술, 다
진 홍고추 1큰술, 올리브유 2큰술, 식초 2
큰술, 간장 1큰술, 발사믹식초 1작은술, 설
탕 1작은술, 소금 약간

살사드레싱
다진 토마토 1개 분량, 다진 양파 1/4개 분
량, 다진 청양고추 1개 분량, 올리브유 2큰
술, 레몬즙 1큰술, 식초 1큰술, 타바스코소
스 1큰술, 설탕 1큰술, 소금 1/2작은술, 후추
약간

스위트칠리땅콩드레싱
스위트칠리소스 3큰술, 다진 땅콩 3큰술,
식초 2큰술, 올리브오일 1큰술, 발사믹식초
1작은술, 다진 마늘 1작은술

청양고추드레싱
청양고추 1개, 홍고추 1개, 양파 1/4개, 쌀눈
유 3큰술, 간장 2큰술, 식초 2큰술, 레몬즙
2큰술, 설탕 2큰술
TIP | 믹서에 넣고 갈아주세요.

칠리드레싱
칠리소스 2큰술, 다진 마늘 2작은술, 다진
청·홍고추 2작은술씩, 올리브유 3큰술, 레
몬즙 3큰술, 설탕 1작은술, 소금 약간

페퍼드레싱
통후추 1큰술, 올리브오일 3큰술, 발사믹식
초 1큰술, 레몬즙 1큰술, 다진 마늘 1작은술,
소금 약간

데일리 드레싱

맛도 중요하지만 어떤 재료와도 잘 어울리는 드레싱을 찾고 있다면, 여기 소개된 데일리 드레싱을 만들어 보세요. 드레싱을 구성하는 재료도 쉽고 매일 먹어도 질리지 않는 맛 때문에 누구에게나 사랑받는 드레싱이에요.

10 사우전아일랜드드레싱

마요네즈 3큰술, 피클 국물 2큰술, 케첩 1큰술, 다진 양파 1큰술, 다진 피클 1/2큰술, 다진 삶은 달걀 1개분량, 다진 청·홍피망 1큰술씩, 레몬즙 1큰술, 다진 파슬리 1작은술, 소금 1/2작은술, 흰후추 약간

09 프렌치드레싱

올리브유 3큰술, 레드와인식초 2큰술, 다진 양파 1큰술, 레몬즙 1큰술, 설탕 2작은술, 소금 1작은술, 다진 마늘 1작은술

08 마요네즈요거트드레싱

마요네즈 3큰술, 플레인 요거트 3큰술, 식초 2큰술, 레몬즙 1큰술, 설탕 1큰술, 소금 1작은술

07 마요네즈드레싱

마요네즈 3큰술, 식초 1큰술, 레몬즙 1작은술, 소금 1작은술, 설탕 1/4작은술, 파슬리가루·흰후추 약간씩

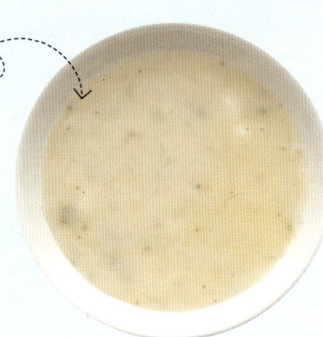

06 마요네즈유자청드레싱

마요네즈 4큰술, 유자청 2큰술, 소금 1작은술, 후추·설탕 약간씩

06~08 재료가 간단하고 부드러운 맛으로 아이들이 좋아해요.
09~10 작은 입자가 들어 있어 씹는 맛이 있어요.

O1
참깨드레싱

깨소금 2큰술, 참기름 1큰술,
쌀눈유 1큰술, 간장 2작은술,
다진 파 1작은술, 다진마늘 1/2
작은술

O2
불고기드레싱

간장 3큰술, 설탕 2큰술, 식초
2큰술, 레몬즙 2큰술, 참기름 2
큰술, 쌀눈유 1큰술, 깨소금 1
큰술, 다진 마늘 2작은술

O3
쪽파드레싱

송송 썬 쪽파 4큰술, 간장 2큰술, 식
초 2큰술, 설탕 1큰술, 참기름 1큰술,
깨소금 2작은술

TIP | 냉장고에서 차게 보관하세요.

O5
오렌지드레싱

오렌지 1/2개, 양파 1/4개, 올리
브유 3큰술, 식초 2큰술, 설탕 1
큰술, 소금 1작은술

TIP | 오렌지는 과육만 떠내고 나머지
재료와 함께 믹서에 넣고 갈아주세요.

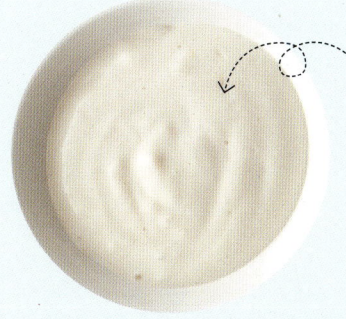

O4
두부레몬드레싱

두부 1/4모, 두유 1/2컵, 레몬즙
3큰술, 다진 레몬 껍질 1큰술, 설
탕 1큰술, 올리브유 2작은술, 소
금 1/2작은술

TIP | 믹서에 넣고 갈아주세요.

> O1~O3 간장 베이스로 한식 샐러드와 잘 어울려요.
> O4~O5 상큼한 샐러드가 먹고 싶을 때 곁들이세요.

바쁜 아침, 5분 만에 뚝딱!

Thank You!

과정이 간단해 쉽게 따라 만들 수 있는 샐러드!

Part **3**

뿌리고 버무리면 끝!
간단 샐러드

호박가지웜샐러드

호박과 가지를 네모지게 썰어
따뜻하게 볶아낸 웜샐러드는
피자나 파스타와 곁들여내면
더욱 잘 어울린답니다.

간장마늘드레싱

재료

쥬키니호박 1/3개(150g), 가지 1개, 빨강 파프리카
1/4개, 양파 1/4개, 양상추 3장, 치커리 약간
밑간 올리브유 1큰술, 소금·통후추 약간씩
간장마늘드레싱 간장 2큰술, 다시마 육수 2큰술,
매실청 1큰술, 다진 마늘 2큰술, 올리브유 1큰술, 설
탕 1/2작은술

이렇게 만들어요

01 쥬키니호박은 잘 씻어 사방 2cm 크기로 깍둑 썬다.

02 가지는 잘 씻어 꼭지와 가지 부분을 잘라내고 사방 2cm 크기로 깍둑 썬다.

03 파프리카와 양파도 사방 2cm 크기로 네모지게 썬다.

04 양상추와 치커리는 한입 크기로 뜯어 찬물에 담갔다 건져 접시에 깔아둔다.

05 쥬키니호박, 가지, 파프리카, 양파에 분량의 밑간 재료를 넣고 버무려 10
   분 정도 둔다.

06 달군 팬에 밑간한 채소를 넣고 센불에서 5분 정도 볶는다.

07 채소가 어느 정도 익으면 분량의 간장마늘드레싱 재료를 넣고 고루 버무
   린 뒤 양상추와 치커리를 깐 접시에 올린다.

cooking Point

호박과 가지에 미리 밑간을 하면 쫄깃한 맛이 더욱 잘 살아나고 드레싱이 잘 배어 깊은
맛이 납니다. 또한 기름을 많이 흡수하는 호박과 가지의 기름 흡수량을 줄일 수 있어요.

밤오이샐러드

오독오독~ 아삭아삭~
향긋한 매실청드레싱에 버무린 밤과
오이를 씹는 소리가 들리지 않나요?
먹는 것도 만드는 것도, 5분 만에 끝낼
수 있어요.

매실청드레싱

재료
깐 밤 2컵(300g), 오이 1개, 양파 1/2개, 통깨 · 굵은
소금 약간씩
매실청드레싱 매실청 2큰술, 고춧가루 1큰술, 식초
3큰술, 설탕 1작은술, 다진 마늘 1작은술, 소금 1작
은술, 깨소금 1큰술, 참기름 2작은술

01

05

이렇게 만들어요

01 밤은 찬물에 잠깐 담갔다가 모양을 살려 5mm 두께로 썬다.
02 오이는 굵은 소금으로 문질러 씻고 5mm 두께로 동글동글하게 썬다.
03 양파는 밤과 비슷한 크기로 네모지게 썰어 찬물에 담갔다 건진다.
04 볼에 분량의 매실청드레싱 재료를 넣고 섞어 놓는다.
05 드레싱이 들어 있는 볼에 밤을 넣어 먼저 무친 뒤 오이와 양파를 넣고 살
   살 버무리고 통깨를 뿌린다.

cooking Point

매실청드레싱에 밤을 먼저 넣어 밤에 간이 배고 나서 오이와 양파를 넣는 것이 좋아요.
오이나 양파를 먼저 넣으면 밤에 간이 잘 안 배어 맛이 제대로 나지 않아요.

애호박새우샐러드

애호박과 새우를 살짝 익혀서
매콤한 고추드레싱을 뿌려 먹으면
입맛 까다로운 어른들도 좋아하는
한국식 간단샐러드가 완성됩니다.

고추드레싱

재료

애호박 1과1/2개, 칵테일새우(중하) 8마리, 통깨 약간
고추드레싱 간장 2큰술, 식초 2큰술, 쌀눈유 1큰술
설탕 1큰술, 다진 청고추 2큰술, 다진 홍고추 1큰술,
다진 마늘 1작은술, 깨소금 1/2큰술, 소금 약간

이렇게 만들어요

01 애호박은 길게 2등분해 김이 오른 찜통에 5분 정도 찐 뒤 뚜껑을 열고 뜸을 들인다.

02 칵테일새우는 끓는 물에 살짝 데친다.

03 분량의 고추드레싱 재료를 섞어 드레싱을 만든다.

04 쪄둔 애호박은 7mm 두께로 반달썰기하여 칵테일새우와 고루 섞은 뒤 드레싱에 버무려 접시에 담고 통깨를 뿌린다.

cooking Point

채소의 식감과 색을 살리고 싶다면 살짝 찐 후 뚜껑을 열어주세요. 뚜껑을 열고 여열로
뜸을 들이면 파랗고 살캉거리게 익어요.

청포묵샐러드

중금속에, 황사에…
가족들 건강이 걱정된다면
오늘 저녁엔 해독에 좋은
청포묵샐러드로
온 가족의 건강을 챙기세요.

초간단드레싱

재료

청포묵 300g, 오이 1개, 마른 표고버섯 3개, 소금
약간
초간단드레싱 쌀눈유 1큰술, 참기름 2작은술, 간장
2큰술, 설탕 1큰술, 식초 2큰술

이렇게 만들어요

O1 청포묵은 6cm 길이로 곱게 채썰어 끓는 물에 부드럽게 데쳐 소금으로
    간한 뒤 식힌다.
O2 오이는 6cm 길이로 잘라 돌려깎기하여 채썬 뒤 소금과 물을 약간 넣은
    팬에 볶아 식힌다.
O3 마른 표고버섯은 물에 부드럽게 불린 뒤 꼭 짜서 곱게 채썬다.
O4 팬에 식초를 제외한 초간단드레싱 재료를 넣고 채썬 표고버섯을 넣어 달
    달 볶는다.
O5 표고버섯이 윤기나게 볶아지면 불을 끄고 초간단드레싱 재료의 식초를
    넣은 뒤 청포묵과 오이를 팬에 넣고 버무린다.

cooking Point

식초는 휘발성이 강해서 가열하면 신맛이 달아나요. 표고버섯이 다 볶아진 뒤 나중에
넣어야 새콤달콤한 식초의 맛을 유지할 수 있습니다.

참나물팽이버섯샐러드

반찬거리 없을 때 만만하게
사 들고 오는
참나물과 팽이버섯이 만나면?
들기름향이 고소한
건강 샐러드가 완성됩니다.

들기름드레싱

재료

참나물 한 줌 반(200g), 팽이버섯 1봉지, 홍고추
1/2개
들기름드레싱 들기름 2큰술, 소금 1/2작은술, 국간장
1/3작은술, 다진 마늘 1작은술, 들깨가루 2작은술

이렇게 만들어요

01 참나물은 잘 씻어 옅은 소금물에 데친 뒤 길게 2~3등분한다.

02 팽이버섯은 밑동을 제거하고 가닥을 나누어 소금물에 살짝 데친다.

03 홍고추는 반으로 잘라 씨를 털어낸 뒤 3cm 정도의 어슷한 방향으로 곱
게 채썰어 찬물에 담갔다 건진다.

04 들기름드레싱 재료를 섞어 참나물, 팽이버섯, 홍고추에 고루 버무리거나
뿌린다.

cooking Point

참나물은 팔팔 끓는 물에 넣고 젓가락으로 한두 번 뒤섞은 뒤 바로 꺼내서 헹궈야 향과
색이 살아 있어요.

마늘종 참치샐러드

마트에서 손쉽게 구할 수 있는
마늘종, 참치, 양파로
남녀노소 구분 없이
한국인의 입맛에 딱 맞는
샐러드를 만들어보세요.

양파간장드레싱

재료

큐브형 참치 통조림 1개(또는 일반 참치 통조림 작은 것 1개), 마늘종 13~15줄기(200g), 마늘 4쪽, 오크잎 4줄기, 식용유 · 소금 약간씩
양파간장드레싱 간장 2큰술, 다진 양파 3큰술, 쌀눈유 2큰술, 식초 1큰술, 레몬즙 1큰술, 설탕 1작은술

이렇게 만들어요

01 참치 통조림은 체에 밭쳐 뜨거운 물을 부은 뒤 식힌다.
02 마늘종은 10cm 길이로 썰어 식용유를 두른 팬에 볶은 뒤 소금으로 간한다.
03 마늘은 모양을 살려 슬라이스하고 식용유를 두른 팬에 노릇하게 굽는다.
04 오크잎은 먹기 좋은 크기로 잘라 찬물에 담갔다 건진다.
05 접시에 볶은 마늘종을 깔고 참치와 구운 마늘을 올린 뒤 분량의 양파간장드레싱 재료를 섞어 뿌린다.

cooking point

• 마늘종은 살짝 데치거나 볶으면 특유의 아린 맛이 없어지고 단맛이 풍부해지며 비타민A의 섭취량을 늘릴 수가 있어요.
• 마늘 슬라이스는 중불에서 천천히 구워야 쓴맛이 돌지 않아요.

브로콜리양파샐러드

평소 녹차를 끓여 먹고 남은 잎은
버리지 말고 냉동실에 두었다가
드레싱이나 나물을 무칠 때
송송 썰어 넣어보세요.
간편하고 알뜰하게 녹차향을
즐길 수 있답니다.

재료

브로콜리 1송이(350g), 양파 1/2개, 소금
약간
녹차잎드레싱 불린 녹차잎 1큰술, 간장
2큰술, 식초 2큰술, 설탕 1큰술, 올리브
유 3큰술

녹차잎드레싱

이렇게 만들어요

01 브로콜리는 한입 크기로 송이를 나누어 끓는 소금물
에 살짝 데친 뒤 찬물에 헹군다.

02 양파는 곱게 채썰어 찬물에 담가 매운맛을 제거한
뒤 건진다.

03 녹차잎드레싱 재료의 불린 녹차잎은 굵직하게 다진
뒤 나머지 녹차잎드레싱 재료와 섞어 냉장고에 차게
보관한다.

04 볼에 브로콜리와 양파를 넣고 차게 보관해둔 드레싱
을 뿌린 뒤 살살 버무린다.

cooking Point

녹차잎은 너무 뜨거운 물에 불리
면 카테킨 성분이 우러나와 쓴맛
이 나므로 한 김 식힌 물에 불리
세요.

아스파라거스샐러드

나른한 주말 오후,
햄을 곁들인 아스파라거스샐러드를
만들어 가족들과 근사한
브런치를 즐겨보세요.

레몬식초드레싱

재료

미니아스파라거스 10~12줄기(150g), 방울토마토
10개, 양파 1/4개, 슬라이스 햄 60g, 올리브유 · 소
금 · 통후추 약간씩
레몬식초드레싱 레몬식초 3큰술, 올리브유 2큰술,
설탕 1큰술, 다진 마늘 1작은술, 소금 1작은술

이렇게 만들어요

01 미니아스파라거스는 질긴 심과 줄기를 제거하고 끓는 소금물에 살짝 데
   친다.
02 방울토마토는 잘 씻어 팬에 볶은 뒤 올리브유, 소금, 통후추로 살짝 간
   한다.
03 양파는 곱게 채썰어 찬물에 담갔다가 건진다.
04 슬라이스 햄은 끓는 물에 살짝 데쳤다가 건진다.
05 접시에 미니아스파라거스, 방울토마토, 양파를 담고 슬라이스 햄을 올린
   뒤 분량의 레몬식초드레싱 재료를 섞어 뿌린다.

cooking Point

레몬식초를 구입할 때는 천연식초에 레몬을 넣고 발효한 것인지, 주정이나 빙초산에 레
몬향만 첨가한 것인지 꼼꼼히 따져보는 게 좋아요. 천연 양조식초 2컵에 레몬 1개를 슬
라이스해 넣고 2주 정도 발효시키면 홈메이드 레몬식초가 완성됩니다.

양배추깻잎샐러드

만만한 식재료인
양배추와 깻잎도
향긋한 유자드레싱을 곁들여내면
특별한 샐러드로 변신합니다.

유자드레싱

재료

양배추 5장(300g), 적양배추 1장(60g), 깻잎 10장,
양파 1/4개
유자드레싱 유자청(또는 유자차) 2큰술, 식초 3큰
술, 물 2큰술, 설탕 1작은술, 소금 1작은술

이렇게 만들어요

01 양배추, 적양배추, 깻잎, 양파는 잘 씻은 뒤 곱게 채썰고 고루 섞어 찬물
에 잠깐 담갔다 건진다.

02 분량의 유자드레싱 재료를 잘 섞어둔다. 유자청 대신 유자차를 사용하는
경우 믹서에 넣고 곱게 간다.

03 1의 모든 재료를 볼에 담고 드레싱을 뿌려 버무린다.

cooking point

· 양배추와 적양배추는 찬물에 오래 담가두면 단맛과 수용성 영양 성분이 많이 빠져나
가게 되니 너무 오래 담가두지 마세요.
· 유자에 절인 양배추는 작은 밀폐용기에 담아 3~4일 정도 두고 먹을 수 있어요.

참치 통조림과 양파만 있으면
별다른 채소를 곁들이지 않아도
근사한 샐러드를
차려낼 수 있어요.

참치양파샐러드

● 매콤드레싱

재료

큐브형 참치 통조림 1개(또는 일반 참치 통조림 작은 것 1개), 양파 1개, 적무순 약간
매콤드레싱 고춧가루 1작은술, 다진 청양고추 1큰술, 다진 홍고추 1큰술, 올리브유 2큰술, 간장 1큰술, 식초 2큰술, 발사믹식초 1작은술, 설탕 1작은술, 소금 약간

이렇게 만들어요

01 참치 통조림은 캔에서 꺼내 체에 밭친 뒤 뜨거운 물을 끼얹는다.
02 양파는 곱게 채썰어 찬물에 담가 매운맛을 뺀 뒤 건진다.
03 적무순은 뿌리 끝만 다듬어 찬물에 담갔다 건진다.
04 분량의 매콤드레싱 재료를 고루 섞어 드레싱을 만든다.
05 양파와 무순을 섞어 접시에 담고 참치를 올린 뒤 드레싱을 뿌린다.

cooking Point

참치 통조림에 뜨거운 물을 끼얹어 잠깐 두었다가 먹으면 맛이 훨씬 깔끔하고 캔이나 양념 국물에 들어 있는 좋지 않은 성분을 제거할 수 있어요.

건포도견과류샐러드

매일 먹는 양상추가 지겨울 때
톡톡 씹히는 맛이 좋은
건과일과 견과류를 곁들여보세요.
영양도 맛도 뛰어난
간단 샐러드가 완성됩니다.

메이플마요네즈드레싱

재료

양상추(중간 크기) 6장(1/2통), 오이 1/2개, 양파 1/4
개, 당근 1/6개, 건포도 3큰술, 굵게 다진 호두 2큰
술, 해바라기씨 2큰술
메이플마요네즈드레싱 메이플시럽 1과1/2큰술, 마
요네즈 3큰술, 레몬즙 1큰술, 식초 2작은술, 흰후추
약간

이렇게 만들어요

01 양상추는 큼직하게 4~6등분하여 찬물에 담갔다가 건진다.

02 오이, 양파, 당근은 5cm 길이로 곱게 채썰어 찬물에 담갔다 건진다.

03 건포도는 흐르는 물에 씻은 뒤 체에 밭쳐 부드럽게 불린다.

04 호두와 해바라기씨는 마른 팬에 볶은 뒤 식힌다.

05 분량의 메이플마요네즈드레싱 재료를 섞어 드레싱을 만든다.

06 채소를 고루 섞어 접시에 담고 드레싱과 건포도, 호두, 해바라기씨를 뿌
려 먹기 좋게 잘라 먹는다.

cooking Point

건포도는 건조 과정 중에 먼지나 부유물이 묻을 수 있으므로 흐르는 물에 씻은 뒤 체에
밭쳐두면 세척과 불리기를 동시에 할 수 있어 좋아요.

부추유부샐러드

유부의 쫄깃한 식감은
고기와 비슷해 입맛을 돋울 수 있어요.
부추의 상큼한 맛과
참깨의 고소한 맛이
잘 어우러진 샐러드랍니다.

★
재료

참깨드레싱

실부추(또는 영양부추) 100g, 유부 5장, 당근 1/5개,
양파 1/4개
참깨드레싱 깨소금 2큰술, 참기름 1큰술, 쌀눈유 1
큰술, 간장 2작은술, 다진 파 1작은술, 다진 마늘
1/2작은술

이렇게 만들어요

01 실부추는 길게 3~4등분하여 찬물에 담갔다 건진다.
02 유부는 끓는 물에 데쳐 기름기를 제거한다.
03 데친 유부는 손으로 꽉 짜서 수분을 없앤 뒤 얇게 채썬다.
04 당근과 양파는 실부추 길이로 곱게 채썰어 찬물에 담갔다 건진다.
05 분량의 참깨드레싱 재료를 잘 섞어 실부추, 유부, 당근, 양파에 고루 버
무리거나 뿌린다.

cooking Point

유부는 두부를 얇게 슬라이스해 튀긴 것이라 기름기가 많아요. 먹기 전 끓는 물에 한번
데쳐내야 기름기가 돌지 않는 깔끔한 샐러드를 먹을 수 있어요.

닭가슴살 그린샐러드

평소 풍부한 맛을 즐기기 위해
과일과 요거트로 드레싱을 만들었다면,
이제 입안 가득 쌉싸래한
더덕으로 드레싱을 만들어보세요.
풍미와 영양이 가득한
샐러드를 만들 수 있답니다.

더덕잣드레싱

재료

닭가슴살 통조림 1개, 양상추 5장, 비타민 3포기,
치커리 5줄기, 양파 1/4개
더덕잣드레싱 껍질 벗긴 더덕 1대, 볶은 잣 1큰술,
식초 2큰술, 레몬즙 1큰술, 참기름 1큰술, 소금 1작
은술, 설탕 1큰술

이렇게 만들어요

01 닭가슴살 통조림은 체에 받쳐 뜨거운 물을 부어 식힌 뒤 잘게 찢는다.

02 양상추, 비타민, 치커리는 한입 크기로 뜯어 찬물에 담갔다 건진다.

03 양파는 곱게 채썰어 찬물에 담갔다 건진다.

04 더덕잣드레싱 재료의 더덕은 큼직하게 썰어 나머지 더덕잣드레싱의 재
료와 함께 믹서에 넣고 곱게 갈아 드레싱을 만든다.

05 양상추, 비타민, 치커리, 양파를 고루 섞어 접시에 담고 닭가슴살을 올린
뒤 드레싱을 뿌린다.

cooking Point

• 더덕은 껍질을 벗겨 소금물에 잠깐 담가놓아 쓴맛을 제거한 뒤 사용하세요.

• 견과류는 그냥 먹는 것보다 마른 팬에 살짝 볶아서 사용하면 훨씬 고소해요.

단호박고구마샐러드

단호박과 고구마,
카레와 파인애플의 조합?
상상하기 힘들다면 도전해보세요.
부드러운 맛의 단호박과 고구마에
카레파인애플드레싱을 곁들이면
부담스럽지 않고
상큼한 샐러드가 완성됩니다.

● 카레파인애플드레싱

재료

단호박 1/4개, 고구마(중간 크기) 1개, 양파 1/4개,
건포도 1큰술, 다진 땅콩 2큰술, 소금 약간
카레파인애플드레싱 카레가루 1작은술, 파인애플
링 1조각(30g), 플레인 요거트 1/2컵, 레몬즙 2큰술,
설탕 1작은술, 소금 약간

01

02

이렇게 만들어요

01 단호박과 고구마는 껍질을 대충 벗겨 한입 크기로 썬 뒤 찜통에 부드럽
　　게 찐다.
02 양파는 곱게 다져 소금에 살짝 절인 뒤 꼭 짠다.
03 건포도는 흐르는 물에 씻고 체에 밭쳐 부드럽게 불린다.
04 분량의 카레파인애플드레싱 재료를 고루 섞어 믹서에 간다.
05 감자와 단호박이 따뜻할 때 볼에 담고 나머지 재료와 섞어 드레싱에 버
　　무린다.

cooking Point

• 양파는 소금에 절인 뒤 섞어야 겉물이 돌지 않고 매운맛 없이 깔끔해요.
• 단호박과 고구마에 따뜻한 기운이 남아 있어야 부드럽게 으깨지면서 재료가 겉돌지
　않고 고루 섞이며 드레싱도 잘 스며들어요. 다른 재료를 준비하느라 감자와 단호박이
　식었다면 랩을 덮어 전자레인지에 살짝 돌린 뒤 사용하세요.

새싹 날치알크래커샐러드

나른한 봄날,
입맛 돋우는 메뉴를 찾고 있다면?
차 한 잔만 곁들여도
가벼운 브런치로 좋은
새싹날치알크래커샐러드를
추천합니다.

딸기드레싱

재료

새싹채소 2팩(100g), 날치알 3큰술, 솔트 크래커 적당량
딸기드레싱 딸기 1컵(150g), 양파 1/4개, 포도씨유 3큰술, 식초 2큰술, 레몬즙 1큰술, 설탕 2작은술, 소금 1작은술

이렇게 만들어요

O1 새싹채소는 체에 밭쳐 흐르는 물에 헹군 뒤 물기를 뺀다.
O2 딸기드레싱 재료의 딸기는 꼭지를 따서 나머지 딸기드레싱 재료와 함께 믹서에 넣고 갈아 냉장고에서 차게 보관한다.
O3 솔트 크래커 위에 새싹채소와 날치알을 올리고 드레싱을 뿌린다.

O1

O2

Health info >> 새싹채소

새싹채소는 발아한 지 3~4일 만에 수확해서 먹기 때문에 농약에 노출될 가능성이 적고, 다 자란 채소에 비해 셀레늄, 미네랄, 비타민, 단백질 등의 유효 영양소가 3~4배나 많이 들어 있어요. 새싹채소나 베이비채소는 쌉쌀한 맛이 있어 새콤달콤한 과일드레싱을 곁들이는 것이 좋은데 키위나 오렌지 등을 딸기 대신 갈아 응용할 수도 있어요.

단호박고구마샐러드 · 새싹날치알크래커샐러드를
만들고 남은 재료로 만든

고구마두유 &
딸기새싹주스

처치곤란 고구마,
매일 쪄 먹기엔 질린다고요?
사온 딸기 한 팩,
금방 물러질까 걱정인가요?
상큼한 딸기새싹주스로
아침을 맞이하고,
달콤한 고구마두유로
자기 전 빈 속을 달래세요.

고구마두유

재료

고구마 1개, 두유 2컵

이렇게 만들어요

01 고구마는 부드러운 솔로 껍질째 깨끗이 씻는다.
02 고구마를 찜통에 넣고 부드럽게 삶아 껍질을 대
   충 벗기고 적당한 크기로 썬다.
03 믹서에 고구마와 두유를 넣고 곱게 간다.

딸기새싹주스

재료

딸기 1컵(150g), 새싹채소 1팩(50g), 얼음물 1/2컵

이렇게 만들어요

01 딸기는 잘 씻어 꼭지를 딴다. 새싹채소는 잘 씻
   어 체에 밭친다.
02 딸기, 새싹채소, 얼음물을 믹서에 담고 곱게 간다.

청경채두부샐러드

중화요리의 단골메뉴, 청경채!
막상 사놓고도 어떻게 먹어야 할지
고민했다면, 건강 식재료 두부와
고추기름드레싱을 이용해
중화풍의 깔끔한 샐러드에
도전해보세요.

고추기름드레싱

재료

청경채(큰 것) 2~3송이(200g), 두부 1/2모(170g), 양파 1/3개
고추기름드레싱 고추기름 2큰술, 레몬즙 2큰술, 간장 1큰술, 다진 마늘 2작은술, 다진 생강 1/2작은술, 깨소금 1작은술, 설탕 1작은술, 소금 약간

이렇게 만들어요

01 청경채는 잘 씻어 밑동에 칼집을 넣고 2~4등분으로 길게 가른다.
02 두부는 사방 1.5cm 크기로 깍둑썬다.
03 양파는 곱게 채썰어 찬물에 담갔다 건진다.
04 접시에 채썬 양파를 깔고 청경채를 담은 뒤 두부를 올린다.
05 4를 김이 오른 찜통에 접시째 넣고 8~10분 정도 찐다.
06 팬에 레몬즙을 제외한 고추기름드레싱 재료를 넣고 달달 볶아 향을 낸 뒤 불을 끄고 레몬즙을 섞어 드레싱을 만든다.
07 4에 드레싱을 끼얹는다.

cooking Point

고추기름드레싱의 레몬즙은 휘발성이 강하니 함께 볶지 말고 나중에 살짝 섞어주세요.

죽순 통조림 1개, 미나리 50g, 오이 1/2
개, 당근 1/6개, 흑임자 약간
홍시드레싱 체에 내린 홍시 4큰술, 레몬
즙 2큰술, 소금 1작은술, 설탕 1/2작은술

홍시드레싱

죽순미나리샐러드

죽순, 미나리, 홍시는 주독을 푸는 데
탁월한 효과가 있는 삼총사예요.
또한 아토피를 진정시키는 데도
좋기 때문에 남편에게도 아이에게도
꼭 권하고 싶은 샐러드예요.

이렇게 만들어요

01 죽순은 반으로 갈라 빗살무늬를 살려 도톰하게
썬 뒤 끓는 물에 데쳐 석회질을 제거한다.

02 미나리는 여린 줄기만 골라 다듬은 뒤 끓는 물
에 데쳐 6cm 정도의 길이로 자른다.

03 오이와 당근은 6cm 길이로 곱게 채썰어 찬물
에 담갔다 건진다.

04 분량의 홍시드레싱 재료를 섞어 드레싱을 만
든다.

05 볼에 죽순, 미나리, 오이, 당근을 고루 섞어 담
고 드레싱을 끼얹은 뒤 흑임자를 뿌린다.

cooking Point

- 죽순의 석회질 성분은 떫은맛과 아
린 맛이 나므로 끓는 물에 데쳐 먹
는 게 좋아요.
- 홍시는 껍질을 벗긴 뒤 체에 내려
야 멍울이 지지 않고 부드럽게 풀
어집니다.

포도두부샐러드

담긴 모양처럼 피부도 몸매도
예쁘게 만들어주는
포도두부샐러드!
호두 요거트드레싱을 곁들이면
변비 해소와 모발 건강에
좋은 샐러드랍니다.

호두요거트드레싱

재료

포도 1송이, 생식용 두부 1모, 치커리 5~6줄기
호두요거트드레싱 호두 4쪽, 플레인 요거트 1/2컵,
식초 1큰술, 설탕 1작은술, 소금 1작은술

이렇게 만들어요

O1 포도는 2등분해서 준비한다.

O2 두부는 사방 1.5cm 크기로 깍둑썬다. 치커리는 한입 크기로 뜯어 찬물에
담갔다 건진다.

O3 호두요거트드레싱 재료의 호두는 끓는 물에 살짝 데친 뒤 마른 팬에 볶
아 곱게 다진다.

O4 3의 다진 호두와 나머지 호두요거트드레싱 재료를 섞어 드레싱을 만든다.

O5 그릇에 포도, 두부, 치커리를 담고 드레싱을 뿌린다.

O1

O3

cooking Point

호두 알맹이에 붙어 있는 얇은 껍질은 쓴맛이 살짝 나는데 끓는 물에 데친 뒤 사용하면
쓴맛이 제거돼요.

오징어배추샐러드

아삭하게 썬 제철의 배추는
양배추 못지않게 달아서
샐러드 재료로 그만이지요.
여기에 쫄깃한 오징어까지 곁들이면
밥반찬으로도 참 좋은
샐러드가 탄생합니다.

● 마늘레몬드레싱

재료

오징어 몸통 1마리 분량, 배추속대 5장, 양파 1/4개, 무순 약간
마늘레몬드레싱 다진 마늘(입자가 약간 큰 것) 1과 1/2큰술, 다진 레몬 껍질 1큰술, 레몬즙 3큰술, 설탕 1큰술, 참기름 1큰술, 소금 1작은술, 멸치 액젓 1/2 작은술

cooking Point

- 오징어는 쇠고기보다 우수한 단백 질이 들어 있는 고단백식품이지만 단백질이 직각 구조라 소화가 잘 되지 않는다는 단점이 있어요. 소화 가 잘 되도록 곱게 채썰거나 잔칼 집을 넣어 조리하는 것이 좋아요.
- 마늘은 칼등이나 손잡이로 눌러서 으깨면 진이 나와 아리고 텁텁한 맛이 나요. 조금 귀찮더라도 칼날로 다져야 깔끔한 맛이 나서 쓰는 게 맛이 훨씬 깔끔해요. 해산물을 곁들 인 샐러드에는 입자가 조금 큰 마 늘을 사용하는 게 비린 맛을 없애 는 데 좋아요.
- 레몬 껍질은 쓴맛이 나는 흰 부분 이 들어가지 않도록 주의하세요.

이렇게 만들어요

01 오징어는 내장과 껍질을 제거하고 잔칼집을 넣은 뒤 채썰어 끓는 물에 데친다.

02 배추속대와 양파는 곱게 채썰어 찬물에 담갔다 건진다. 무순은 뿌리 끝 만 살짝 다듬어 찬물에 담갔다 건진다.

03 분량의 마늘레몬드레싱 재료를 고루 섞어 드레싱을 만든다.

04 배추와 양파, 무순을 섞어 접시에 담고 오징어를 올린 뒤 드레싱을 뿌린다.

03

감자브로콜리샐러드

브로콜리 특유의 풋내 때문에
초고추장에 찍어 먹는 게 다반사였다면,
감자와 머스터드허니마요네즈드레싱을
곁들여 먹어보세요.
드레싱의 진한 맛으로
브로콜리의 풋내를
감쪽같이 감출 수 있답니다.

머스터드허니마요네즈드레싱

재료

감자(중간 크기) 2개, 브로콜리 1/2송이, 양파 1/2개,
오이 1/2개, 비타민 3포기, 소금·올리브유 약간
머스터드허니마요네즈드레싱 마요네즈 4큰술, 머
스터드 1큰술, 식초 2큰술, 꿀 1큰술, 소금 1작은술,
통후추 약간

이렇게 만들어요

01 감자는 껍질을 벗기고 사방 3cm 크기로 썬 뒤 찬물에 담가 녹말기를 제
거한다. 녹말기가 어느 정도 사라지면 소금과 올리브유를 넣은 물에 삶
은 뒤 식힌다.
02 브로콜리는 송이를 나누어 끓는 소금물에 데쳐 식힌다.
03 양파와 오이는 입자를 살려 굵직하게 다진다.
04 비타민은 송이를 나누어 한입 크기로 잘라 찬물에 담갔다 건진다.
05 마요네즈를 제외한 머스터드허니마요네즈드레싱 재료를 잘 섞은 뒤 마
요네즈를 넣고 다시 섞는다.
06 볼에 준비한 채소를 고루 담고 드레싱을 뿌린다.

cooking Point

• 감자를 올리브유와 소금을 넣은 물에 삶으면 밑간이 배면서 잘 뭉개지지 않아요.
• 모든 재료를 한 번에 넣고 섞으면 머스터드나 꿀이 덩어리지므로 꿀과 머스터드를
잘 섞은 뒤 마요네즈를 넣어주세요.

Plus Recipe

감자브로콜리샐러드를 만들고
남은 재료로 만든

베이컨샌드위치

샐러드를 만들고 남은 재료들은
언제나 멋진 샌드위치 재료가 된답니다.
남은 드레싱과의 환상 궁합으로
맛을 업그레이드시켜보세요.

재료

식빵 4장, 베이컨 4장, 달걀 2개, 토마토 2개, 양상추 3
장, 머스터드허니마요네즈드레싱 3큰술

이렇게 만들어요

01 식빵은 마른 팬에 노릇하게 굽는다.

02 베이컨은 끓는 물에 살짝 데친 뒤 마른 팬에 노릇하게 굽는다.

03 달걀은 완숙으로 삶아 동그란 모양을 살려 5mm 두께로 슬라이스
한다.

04 토마토는 잘 씻어 5mm 두께로 슬라이스한 뒤 씨를 제거한다.

05 식빵에 머스터드마요네즈드레싱을 바른 다음 식빵, 양상추, 토마
토, 베이컨, 달걀, 식빵 순으로 쌓는다.

cooking Point

• 베이컨은 한번 데쳐낸 후에도 기름이
많기 때문에 팬에 따로 기름을 두르지
않아도 노릇하게 잘 구워진답니다.

• 토마토를 그대로 사용하면 수분이 많
아 빵이 눅눅해지므로 씨를 제거하고
과육만 사용하는 게 좋아요.

맛은 기본! 영양은 만점!

배부르게 한 접시로 끝내는 알찬 샐러드!

영양 꽉 찬~
한 끼 샐러드

불고기로메인샐러드

불고기는 외국인들도
좋아하는 한국 음식이지요.
젓가락보다 포크와 나이프에 익숙한
외국인 친구가 있다면
불고기와 로메인 상추를 곁들여
불고기샐러드를 만들어주는 것도 좋겠죠?

레드프렌치드레싱

재료

쇠고기 불고기용 200g, 로메인 상추(큰 것) 2포기
(100g), 오이 1/2개, 양파 1/4개, 잡곡 바게트 1/2개
밑간 간장 2작은술, 설탕 1작은술, 다진 마늘 1작은
술, 참기름 1작은술, 후추 약간
레드프렌치드레싱 올리브유 3큰술, 레드와인식초
1큰술, 레몬즙 1큰술, 다진 토마토 1큰술, 다진 양파
1큰술, 다진 마늘 1작은술, 설탕 1작은술, 소금 1작
은술, 후추 약간

이렇게 만들어요

01 쇠고기는 먹기 좋은 크기로 썰어 밑간 재료로 밑간한 다음 달군 팬에 볶
   은 뒤 식힌다.
02 로메인 상추는 먹기 좋은 크기로 뜯어 찬물에 담갔다 건진다.
03 오이와 양파는 5cm 길이로 곱게 채썰어 찬물에 담갔다 건진다.
04 잡곡 바게트는 도톰하게 썬 뒤 마른 팬에 노릇하게 굽는다.
05 로메인 상추, 오이, 양파를 고루 섞어 담고 불고기를 올린 뒤 레드프렌치
   드레싱 재료를 고루 섞어 뿌리고 구운 잡곡 바게트를 곁들인다.

cooking Point

• 쇠고기는 드레싱과 곁들여 먹으므로 밑간을 약하게 해서 볶아야 간이 맞아요.
• 잡곡 바게트는 미리 살짝 구워야 눅눅해지지 않아요.

조랭이떡샐러드

동글동글 귀엽게 생긴 조랭이떡은
잘 퍼지거나 딱딱해지지 않아
샐러드에 잘 어울리는 재료예요.
평소 떡국이나 떡볶이를 만들 때보다
조금 부드럽게 익혀야 샐러드로
만들었을 때 잘 어우러져요.

재료

사과드레싱

조랭이떡 1컵(150g), 사과 1개, 배 1/2개, 귤 1개, 양
상추 4장, 치커리 4줄기
밑간 참기름 2작은술, 간장 1작은술, 설탕 1작은술
사과드레싱 사과 1/2개, 올리브유 3큰술, 양파 1/4
개, 식초 2큰술, 레몬즙 1큰술, 설탕 1작은술

이렇게 만들어요

01 조랭이떡은 끓는 물에 부드럽게 삶아 밑간 재료로 밑간한다.
02 사과, 배, 귤은 껍질을 벗기고 한입 크기의 부채꼴 모양으로 도톰하게 썰
   어 놓는다.
03 양상추와 치커리는 먹기 좋은 크기로 뜯어 찬물에 담갔다 건진다.
04 사과드레싱 재료의 사과는 씨를 제거하고 깍둑썬 뒤 나머지 사과드레싱
   의 재료와 함께 믹서에 넣고 간다.
05 그릇에 양상추와 치커리를 담고 조랭이떡, 사과, 배, 귤을 올린 뒤 드레
   싱을 뿌린다.

01

cooking Point

조랭이떡은 차게 먹으면 금방 굳어지므로 평소보다 조금 더 오래 익히세요.

닭가슴살녹두샐러드

퍽퍽한 닭가슴살을
잘 소화시킬 수 있도록
부드러운 녹두를 곁들이면
체중, 영양, 맛을
일석삼조로 챙길 수 있어요.

청양고추드레싱

재료

닭가슴살 1쪽, 거피 녹두 5큰술, 가지 1개, 토마토 1개, 노랑 · 주황 파프리카 1/2개씩, 청피망 1/2개, 양파 1/4개, 소금 · 후추 약간씩
밑간 올리브유 1큰술, 다진 마늘 1작은술, 소금 · 후추 약간씩
청양고추드레싱 청양고추 1개, 홍고추 1개, 쌀눈유 3큰술, 간장 2큰술, 양파 1/4개, 식초 2큰술, 레몬즙 2큰술, 설탕 2큰술

이렇게 만들어요

01 거피 녹두는 잘 씻고 부드럽게 불린 뒤 넉넉한 물에 소금 약간을 넣고 부드럽게 삶아 건져서 헹군다.

02 닭가슴살은 가로로 저며 분량의 밑간 재료로 밑간한 뒤 그릴에 노릇하게 굽는다.

03 가지와 토마토, 파프리카, 청피망, 양파도 먹기 좋게 자른 뒤 소금과 후추로 밑간하고 그릴에 굽는다.

04 청양고추드레싱 재료를 믹서에 넣고 간 뒤 냉장고에서 차게 보관한다.

05 접시에 구운 채소를 고루 섞어 담고 닭가슴살을 올린 뒤 삶은 녹두와 드레싱을 뿌린다.

01

02

cooking Point

닭가슴살은 그냥 익히면 퍽퍽하지만 올리브유에 버무려 구우면 부드러워져요.

고구마와플컷샐러드

현미쌀가루를 입혀 바삭하게 튀긴 고구마를
크루통이나 바게트처럼 샐러드에
곁들이면 바삭한 식감이 일품이지요.
고구마와 잘 어울리는
계피크림드레싱을 끼얹어 먹으면
군고구마를 먹는 듯한 풍미가 나요.

계피크림드레싱

재료

고구마 1개, 현미쌀가루 2큰술, 양상추 5장, 치커리
5~6줄기, 오크잎 5줄기, 튀김유 적당량
계피크림드레싱 계피가루 1작은술, 생크림 4큰술,
꿀 1큰술, 소금 1작은술

01

02

이렇게 만들어요

01 고구마는 껍질을 벗기고 와플 컷팅 채칼로 썰어 찬물에 30분 정도 담가
전분기를 제거한다.

02 고구마에서 전분기가 다 빠지면 면보로 닦아 수분을 제거하고 현미쌀가
루를 솔솔 뿌린다.

03 현미쌀가루를 입힌 고구마를 170℃ 정도의 튀김유에 바삭하게 튀겨낸다.

04 양상추와 치커리, 오크잎은 한입 크기로 뜯어 찬물에 담갔다 건진다.

05 접시에 채소를 깔고 튀긴 고구마를 올린 뒤 계피크림드레싱 재료를 고루
섞어 뿌린다.

cooking Point

• 감자와 고구마처럼 전분이 많은 채소는 찬물에 담가 전분을 제거한 후 요리해야 먹
을 때 훨씬 깔끔해요.

• 와플 컷팅 채칼이 없을 경우 일반 채칼로 얇게 썰어 튀겨도 좋아요.

파스타열대과일샐러드

과일의 새콤달콤함은 식욕을 자극하고 위산분비를 촉진해 소화를 돕지만
공복에 과일만 먹는 것은 위에 무리를 줄 수 있어요.
탄수화물이 풍부한 색깔 파스타를 부드럽게 삶아 버무리면
공복에도 안심인 샐러드가 완성됩니다.

재료

색깔 파스타(푸실리나 파르팔레) 1컵
(60g), 망고 1개, 파인애플 링 1조각(30g),
바나나 1개, 그린 키위 1개, 양파 1/4개,
석류알 3큰술, 양상추 4장, 치커리 3줄기
요거트드레싱 플레인 요거트 1/2컵, 마요
네즈 1큰술, 설탕 1작은술, 소금 1작은술,
레몬즙 1작은술

요거트드레싱

이렇게 만들어요

01 파스타는 봉지에 표시된 것보다 2분 정도 더 부드럽
게 삶은 뒤 체에 밭쳐 물기를 뺀다.

02 바나나와 키위는 껍질을 벗기고 동그란 모양을 살려
서 썬다.

03 망고는 사방 1.5cm 크기로 깍둑썰고 파인애플 링과
양파는 2×3cm 정도의 부채꼴 모양으로 썬다.

04 양상추와 치커리는 한입 크기로 뜯어 찬물에 담갔다
건진다.

05 접시에 양상추와 치커리를 깔고 과일과 양파, 파스
타를 요거트드레싱 재료에 고루 버무려 담은 뒤 석
류알을 뿌린다.

cooking Point

색깔 파스타는 평소 파스타를
삶을 때보다 조금 더 삶아서
부드럽게 만들어야 차게 먹어
도 딱딱해지지 않아요.

지방과 단백질이 차돌모양으로
박혀 있다고 해서 이름 붙여진
차돌박이는 얇게 썰어 구이로
많이 먹지요. 이제부터는 상추와
잡곡주먹밥, 키위드레싱을 곁들여
저녁메뉴로 푸짐하게 즐길 수 있는
차돌박이샐러드를 즐겨보세요.

차돌박이샐러드

키위드레싱

재료

차돌박이 100g, 청상추 50g, 적상추 50g, 깻잎 10
장, 양파 1/4개, 홍고추 1/2개, 잡곡밥 2그릇, 소
금 · 통깨 · 참기름 약간씩
밑간 간장 1작은술, 설탕 1작은술, 다진 마늘 1작은
술, 참기름 1작은술, 후추 약간
키위드레싱 키위 1개, 포도씨유 3큰술, 양파 1/4개,
식초 2큰술, 설탕 1큰술, 소금 1작은술

이렇게 만들어요

01 차돌박이는 분량의 밑간 재료로 밑간하여 한 장씩 떼어 달군 팬에 굽는다.

02 청상추, 적상추, 깻잎은 먹기 좋은 크기로 뜯어 찬물에 담갔다 건진다.

03 양파와 홍고추는 4cm 길이로 곱게 채썰어 찬물에 담갔다 건진다.

04 키위드레싱 재료의 키위와 양파는 깍둑썰어 나머지 키위드레싱의 재료
와 함께 믹서에 넣고 간다.

05 잡곡밥과 소금, 통깨, 참기름을 섞은 뒤 손바닥 크기로 빚어 주먹밥을
만든다.

06 접시에 청상추, 적상추, 깻잎, 양파, 홍고추를 고루 섞어 깔고 차돌박이
를 올린 뒤 드레싱을 뿌리고 주먹밥을 곁들인다.

01

05

cooking Point

• 차돌박이는 얇아서 한 장씩 굽지 않으면 서로 달라붙으니 한 장씩 구워주세요.
• 집에 남아 있는 찬밥으로 주먹밥을 만들 땐 전자레인지에 넣고 데우거나 물을 살짝
두른 팬에 볶아 따뜻하게 만든 뒤 사용하세요.

쌀국수샐러드

동남아에서 즐겨 먹는
쌀국수를 바삭하게 튀겨
샐러드를 만들어 먹으면
포만감이 생겨
한 끼 식사로 손색없어요.

피시소스드레싱

재료

쌀국수(가는 것) 50g(한 줌), 양배추 4장(250g), 적양
배추 1장(60g), 오이 1/2개, 양파 1/4개, 치커리 약간,
다진 땅콩 3큰술, 튀김유 적당량
피시소스드레싱 피시소스 3큰술, 물 2큰술, 다진 청
양고추 · 다진 홍고추 1큰술씩, 설탕 2큰술, 레몬즙 1
큰술, 식초 2큰술

이렇게 만들어요

01 양배추, 적양배추, 오이, 양파는 5cm 길이로 잘라 곱게 채썰어 찬물에
담갔다 건진다.
02 쌀국수는 180℃로 달군 튀김유에 바삭하게 튀긴 뒤 기름을 뺀다.
03 그릇에 튀긴 쌀국수를 푸짐하게 담고 채소를 올린다.
04 다진 땅콩을 뿌리고 피시소스드레싱 재료를 섞어 끼얹는다.

02

cooking Point

쌀국수는 너무 낮은 온도에서 튀기면 잘 부풀지 않아요. 온도를 충분히 올린 후 넣어야
하얗게 부풀어 오르며 바삭하게 튀겨진답니다.

연어아스파라거스샐러드

과일을 가열하면 수분이 증발하면서
단맛이 증가해 쌉쌀한 채소 샐러드의
드레싱 재료로 잘 어울려요.
과일이 없을 때는
잼이나 마멀레이드로 대체하면
간편하게 드레싱을 만들 수 있어요.

조린키위드레싱

재료

연어 슬라이스 1쪽(200g), 아스파라거스 10대, 루꼴
라 5줄기(또는 치커리 5줄기), 양파 1/2개
밑간 백포도주 1큰술, 소금 · 후추 · 올리브오일 1큰
술씩
조린키위드레싱 골드키위 1/2개, 그린키위 1/2개,
물 1/2컵, 식초 2큰술, 설탕 1큰술, 레몬즙 1큰술, 소
금 1작은술

이렇게 만들어요

01 연어는 먹기 좋은 크기로 썰어 밑간 재료에 버무린다.

02 달군 팬에 밑간해둔 연어를 넣고 노릇하게 굽는다.

03 조린키위드레싱의 골드키위와 그린키위는 사방 1cm 크기로 깍둑썰고
나머지 조린키위드레싱의 재료와 함께 팬에 넣어 조려낸다.

04 아스파라거스는 억센 비늘과 밑동을 제거한 뒤 끓는 물에 데친다. 루꼴
라는 먹기 좋은 크기로 뜯고 양파는 곱게 채썰어 찬물에 담갔다 건진다.

05 접시에 아스파라거스, 양파, 루꼴라를 깐 뒤 연어를 올리고 드레싱을 곁
들인다.

cooking Point

• 프라이팬 대신 오븐을 사용해서 연어를 구울 때는 오븐을 200℃로 예열해 13분 동안
구워주세요.

• 키위를 조릴 때는 중불 정도의 불에서 뭉근하게 조려야 키위가 타지 않고 달콤하게
조려져요.

라이스페이퍼샐러드

살짝 데친 라이스페이퍼를
스위트칠리땅콩드레싱에 무치면
양장피와 비슷한 식감의
영양만점 샐러드가 완성됩니다.
매콤한 맛을 즐기고 싶다면
스위트칠리소스 대신 칠리소스를
넣어 만들어보세요.

스위트칠리땅콩드레싱

재료

닭가슴살 1쪽(또는 닭가슴살 통조림 1개), 숙주나물
1줌 반(200g), 토마토 1개, 베이비채소 1팩(50g), 라
이스페이퍼 5장
스위트칠리땅콩드레싱 스위트칠리소스 3큰술, 다
진 땅콩 3큰술, 식초 2큰술, 올리브오일 1큰술, 발
사믹식초 1작은술, 다진 마늘 1작은술

이렇게 만들어요

01 닭가슴살은 끓는 물에 부드럽게 데친 뒤 잘게 찢는다.
02 숙주나물은 거두절미하여 끓는 물에 데친 뒤 넓은 쟁반에 펼쳐 식힌다.
03 토마토는 끓는 물에 데친 뒤 껍질을 벗기고 과육만 발라내 5cm 길이로
   채썬다.
04 베이비채소는 체에 밭쳐 살살 씻고 물기를 제거한다.
05 라이스페이퍼는 한입 크기로 뜯어 끓는 물에 부드럽게 데친다.
06 스위트칠리땅콩드레싱 재료를 섞은 뒤 2큰술만 따로 볼에 담아 데친 라
   이스페이퍼를 넣고 버무린다.
07 드레싱을 버무린 라이스페이퍼를 접시에 깔고 닭가슴살, 숙주, 토마토,
   베이비채소를 고루 섞어 올린 뒤 남은 드레싱을 뿌린다.

02

06

cooking Point

라이스페이퍼를 스위트칠리땅콩드레싱에 버무린 뒤 접시에 담아야 재료끼리 서로 달라
붙지 않고 밑간이 배어 싱겁지 않아요.

토마토파프리카샐러드

살짝 구워 단맛이 있는
토마토와 파프리카에 향기로운
조린발사믹드레싱을 끼얹으면
새콤달콤 건강 샐러드가 완성됩니다.
부드러운 프렌치토스트와 커피 한 잔을
곁들이면 아침식사로 손색없어요.

조린발사믹드레싱

재료

토마토 1개, 주황 · 노랑 · 빨강 · 초록 파프리카 1/2
개씩, 양파 1/4개, 오크잎 4줄기(또는 치커리 4줄
기), 식빵 2장, 달걀 1개, 우유 2큰술, 소금 · 올리브
유 약간씩
조린발사믹드레싱 발사믹식초 4큰술, 올리브유 2
큰술, 다진 양파 2큰술, 레몬즙 1큰술, 다진 마늘 1
작은술, 소금 약간

이렇게 만들어요

01 토마토는 1cm 두께로 슬라이스해 소금을 약간 뿌린 뒤 올리브유를 두른
팬에 굽는다.

02 파프리카와 양파는 2cm 너비, 4cm 길이로 썰어 소금을 약간 뿌린 뒤 올
리브유를 두른 팬에 굽는다.

03 오크잎은 먹기 좋은 크기로 뜯어 찬물에 담갔다 건진다.

04 식빵은 4등분하여 달걀, 우유, 소금을 섞은 물에 적신 뒤 올리브유를 두
른 팬에 노릇하게 구워 프렌치토스트를 만든다.

05 팬에 조린발사믹드레싱 재료의 발사믹식초를 넣고 양이 반 정도 줄어들
때까지 조린 뒤 불을 끈다. 나머지 조린발사믹드레싱 재료를 넣고 섞어
드레싱을 만든다.

06 접시에 1, 2, 3을 담고 드레싱을 뿌린 뒤 프렌치토스트와 곁들인다.

바나나새싹샐러드

살짝 덜 익은 바나나를 팬에 구으면
더욱 달콤하고 부드러워져
쌉쌀한 새싹채소와 잘 어울려요.
바나나가 부드럽게 풀어져
스프레드 같은 역할을 해
바게트과 곁들여 먹어도 좋아요.

흑설탕드레싱

재료

바나나 2개, 새싹채소 2팩(100g), 다진 땅콩 2큰술,
바게트 1/3개
흑설탕드레싱 흑설탕 2큰술, 물 2큰술, 레몬즙 2큰
술, 쌀눈유 1큰술, 버터 1큰술, 소금 약간

이렇게 만들어요

01 바나나는 껍질을 벗기고 1cm 두께로 어슷하게 썬다. 새싹채소는 체에
   밭쳐 흐르는 물에 씻는다.
02 달군 팬에 흑설탕드레싱 재료를 넣고 설탕이 녹을 때까지 조린 뒤 바나
   나를 넣고 굽는다.
03 바게트는 1cm 두께로 동그랗게 잘라 마른 팬에 굽는다.
04 바게트 위에 구운 바나나와 새싹채소를 올린 뒤 **2**에서 남은 드레싱과 다
   진 땅콩을 뿌린다.

cooking Point

• 드레싱에 바나나를 조릴 땐 설탕이 충분히 녹은 뒤에 바나나를 넣어야 설탕이 팬에
  달라붙거나 딱딱하게 굳지 않아요.
• 촉촉한 바게트에 바나나와 새싹채소를 올리면 바게트가 쉽게 눅눅해지므로, 미리 바
  게트를 바삭하게 구워서 사용하는 게 좋아요.

토마토파프리카샐러드 · 바나나새싹샐러드를
만들고 남은 재료로 만든

토마토파프리카주스 &
바나나땅콩밀크

아이들에게는 달콤한 바나나땅콩밀크를,
여성에게는 비타민이 풍부해 피부 미용에 좋은
토마토파프리카주스를 추천합니다!

토마토파프리카주스

재료

토마토 1개, 노랑 파프리카 1/2개, 꿀 약간

이렇게 만들어요

01 토마토는 끓는 물에 데쳐 껍질을 벗기고 깍둑
   썬다.
02 파프리카는 잘 씻어 씨를 제거하고 깍둑썬다.
03 믹서에 깍둑썬 토마토와 파프리카, 얼음물을 넣
   고 곱게 간 뒤 기호에 따라 꿀을 곁들인다.

바나나땅콩밀크

재료

바나나 1개, 땅콩 3큰술, 우유 1컵

이렇게 만들어요

01 바나나는 껍질을 벗기고 깍둑썬다.
02 땅콩은 마른 팬에 노릇하게 볶는다.
03 믹서에 바나나, 땅콩, 우유를 넣고 곱게 간다.

두부굴부추샐러드

노릇하게 구운 두부 위에
향긋한 굴과 부추를 올려
하나씩 집어 먹기 편하게 만든
핑거푸드 샐러드예요.
굴이 나지 않는 계절에는
닭고기나 오징어로 대체해도 좋아요.

재료

두부 1모, 굴 1컵, 실부추(영양부추) 100g, 청고추·
홍고추 1개씩, 양파 1/4개, 식용유·소금·후추 약
간씩

흑임자드레싱 흑임자가루 2큰술, 다시마 육수 2큰
술, 쌀눈유 1큰술, 참기름 1큰술, 간장 1작은술, 소금
약간

이렇게 만들어요

O1 두부는 키친타월로 감싸 도마나 접시로 눌러 수분을 뺀다.

O2 수분이 적당히 빠진 두부를 1cm 두께로 썰고 소금, 후추를 뿌려 밑간한
뒤 식용유를 두른 팬에 노릇하게 굽는다.

O3 굴은 엷은 소금물에 씻은 뒤 끓는 물에 살짝 데친다.

O4 실부추는 잘 씻어 4~5cm 길이로 썬다. 청고추, 홍고추, 양파는 4cm 길
이로 곱게 채썬다.

O5 구운 두부 위에 굴, 실부추, 고추, 양파를 고루 섞어 올리고 흑임자드레
싱 재료를 섞어 뿌린다.

O1

O3

cooking Point

• 두부는 수분을 충분히 뺀 뒤 구워야 굽는 동안 부서지거나 으스러지지 않아요.
• 굴이 제철인 계절이라면 데칠 필요 없이 생굴을 바로 손질해 사용해도 좋아요.

보라감자 햄브로콜리샐러드

요즘에는 보라색, 빨간색, 노란색 등
다양한 색의 감자들을 시중에서
쉽게 구할 수 있어
요리가 훨씬 다채로워졌지요.
보라감자에는 항암 효과가 있는
안토시아닌이 풍부해요!

씨겨자드레싱

재료

보라감자(중간 크기) 2개(300g), 햄 100g, 브로콜리
1/2송이, 양파 1/4개, 양상추 2장, 소금 약간
씨겨자드레싱 씨겨자 1과1/2큰술, 올리브유 3큰술,
식초 3큰술, 꿀 1큰술, 소금 1작은술, 후추 약간

O1

O4

이렇게 만들어요

O1 보라감자는 껍질째 잘 씻어 부드럽게 찐 뒤 껍질을 대충 벗기고 사방
1.5cm 크기로 깍둑썬다.

O2 양상추는 먹기 좋은 크기로 뜯어 찬물에 담갔다 건진다.

O3 브로콜리는 송이를 나누어 끓는 소금물에 데친 뒤 식힌다. 햄도 끓는 물
에 살짝 데쳐서 좋지 않은 성분을 빼낸다.

O4 데친 햄과 양파는 사방 1cm 크기로 깍둑썰어 기름을 살짝 두른 팬에 노
릇하게 볶는다.

O5 분량의 씨겨자드레싱 재료를 고루 섞어 드레싱을 만든다.

O6 접시에 양상추를 깐 뒤 나머지 재료를 고루 섞어 담고 드레싱을 뿌린다.

cooking Point

씨겨자(홀스그레인머스터드)는 양겨자(머스터드)에 겨자씨가 섞여 있는 제품으로, 씹을
때 겨자씨가 씹혀 풍미가 더욱 좋아요. 집에 씨겨자가 없다면 양겨자로 대체해도 좋아요.

참스테이크그린샐러드

고기와 채소의 영양이 고루 조화된
건강 샐러드예요.
평소 육식을 즐겨 한다면
원활한 흡수와 배출을 위해 섬유질이
풍부한 채소를 자주 섭취해야 좋아요.

불고기드레싱

재료

쇠고기 등심 200g, 양파 1/2개, 청·홍피망 1/2개
씩, 당근 1/6개, 로메인 상추 1포기, 치커리 5~6줄
기, 신선초 3줄기, 소금·후추·식용유 약간씩
불고기드레싱 간장 3큰술, 설탕 2큰술, 식초 2큰술,
레몬즙 2큰술, 참기름 2큰술, 쌀눈유 1큰술, 깨소금
1큰술, 다진 마늘 2작은술

이렇게 만들어요

01 쇠고기는 핏물을 제거하고 사방 2cm 정도 크기로 썰어 소금과 후춧가루
  에 재어둔다.

02 양파, 당근, 청피망, 홍피망은 사방 1.5cm 정도 크기로 네모지게 썬다.

03 로메인 상추, 치커리, 신선초는 먹기 좋은 크기로 뜯어 찬물에 담갔다가
  건진다.

04 달군 팬에 재어둔 쇠고기를 넣고 볶는다.

05 고기가 반쯤 익으면 양파, 당근, 청피망, 홍피망을 넣고 불고기드레싱 재
  료를 반 정도 넣어 볶는다.

06 로메인 상추, 치커리, 신선초를 고루 섞어 접시 위에 깔고 고기를 올린
  뒤 남은 드레싱을 뿌린다.

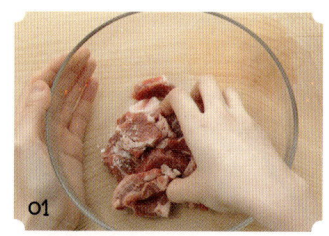

버섯스크램블샐러드

버섯을 다져 넣어 씹는 재미가 있는
부드러운 스크램블과 피로회복에 좋은
아스파라거스를 곁들였어요.
톡톡 씹히는 페퍼드레싱을 뿌리면
입맛 잃은 아침에 활력을 불어넣는
샐러드가 완성됩니다.

페퍼드레싱

재료

표고버섯 1개, 양송이버섯 2개, 만가닥버섯 반 줌
(50g), 달걀 2개, 우유 3큰술, 아스파라거스 10대,
방울토마토 5개, 양파1/4개, 소금 · 식용유 · 후추
약간씩
페퍼드레싱 통후추 1큰술, 올리브오일 3큰술, 발사
믹식초 1큰술, 레몬즙 1큰술, 다진 마늘 1작은술, 소
금 약간

이렇게 만들어요

01

01 표고버섯, 양송이버섯, 만가닥버섯은 입자가 약간 씹히게 다진 뒤 달걀
과 우유와 함께 섞어 소금과 후추로 간한다.

02 아스파라거스는 딱딱한 밑동과 돌기를 제거한 뒤 끓는 소금물에 5분 정
도 데쳐 식혀내고 3~4등분한다.

03 방울토마토는 잘 씻어 2등분하고 양파는 곱게 채썬다.

04 달군 팬에 식용유를 두른 뒤 **1**을 넣고 젓가락으로 흩트려가며 볶아 스크
램블을 만든다.

04

05 접시에 아스파라거스와 방울토마토, 양파를 고루 섞어 담고 스크램블을
올린 뒤 페퍼드레싱 재료를 고루 섞어 뿌린다.

cooking Point

스크램블을 부드럽게 만들고 싶다면 익기 전에 젓가락으로 고루 흩트려가며 볶는 것이
좋아요.

닭고기현미밥샐러드

쌀알이 톡톡 씹히는 건강 곡식 현미는 쉽게 퍼지지 않아 샐러드 재료로 잘 어울려요. 쫄깃한 닭고기살과 굴소스드레싱을 곁들이면 중화풍의 이국적인 샐러드가 완성됩니다.

굴소스드레싱

재료

닭다리살 200g, 다진 땅콩 2큰술, 양파 1/4개, 현미밥 1그릇, 양상추 5장, 치커리 3줄기, 식용유 약간
밑간 간장 1작은술, 녹말가루 1작은술, 굵게 다진 건고추 1개 분량, 다진 마늘 1작은술, 청주 1큰술
굴소스드레싱 굴소스 1큰술, 물 2큰술, 식초 2큰술, 참기름 1큰술, 설탕 1큰술

이렇게 만들어요

01 닭다리살은 사방 2.5cm 크기로 썰어 밑간 재료에 재어둔다.
02 양파는 곱게 채썰고 양상추와 치커리는 한입 크기로 뜯어 찬물에 담갔다 건진다.
03 달군 팬에 식용유를 두르고 재어둔 닭다리살을 굽는다.
04 닭다리살을 구웠던 팬에 현미밥과 다진 땅콩을 넣고 고슬고슬하게 볶아낸다.
05 접시에 채소를 고루 섞어 깔고 구운 닭다리살과 현미밥, 땅콩을 올린 뒤 분량의 굴소스드레싱 재료를 섞어 뿌린다.

01

04

cooking Point

· 닭다리살에 밑간을 하면 누린내가 없어지고 육질이 부드러워져요.
· 재어둔 닭다리살을 구운 팬에 현미밥을 볶으면 닭고기의 향이 배어 풍미가 좋아져요. 이때 현미밥은 찬밥을 이용해야 고슬고슬하게 볶아져요.

만두피컵샐러드

만두피를 바삭하게 튀겨 매콤한
살사드레싱에 버무린 소를 담아내면
들고 다니며 담소 나누기에 좋은
파티 샐러드가 만들어져요.
소금물에 데쳐 달콤해진 모둠콩과
바삭한 만두피가 어우러져 만인에게
사랑받는 인기 메뉴예요.

살사드레싱

재료

모둠콩 1컵, 칵테일새우 8마리, 방울토마토 5개, 블
랙올리브 5개, 옥수수 통조림 3큰술, 만두피(큰 것)
10장, 튀김유 적당량, 소금 약간
살사드레싱 다진 토마토 1개 분량, 다진 양파 1/4개
분량, 다진 청양고추 1개 분량, 올리브유 2큰술, 레몬
즙 1큰술, 식초 1큰술, 타바스코소스 1큰술, 설탕 1큰
술, 소금 1/2작은술, 후추 약간

이렇게 만들어요

01 모둠콩은 잘 씻어 넉넉한 소금물에 부드럽게 삶은 뒤 건져서 헹군다.
02 칵테일새우는 끓는 물에 살짝 데친다.
03 옥수수 통조림은 끓는 물에 살짝 데친 뒤 체에 밭쳐 물기를 뺀다.
04 방울토마토와 블랙올리브는 모양을 살려 슬라이스한다.
05 만두피는 오목한 체에 밭쳐 180℃로 달군 튀김유에 넣고 그릇 모양으로 튀
   겨낸다.
06 살사드레싱 재료와 1, 2, 3, 4를 버무려 튀긴 만두피에 담는다.

cooking Point

• 모둠콩을 소금물에 데쳐내면 단맛이 더욱 강해져서 아이들도 거부감 없이 먹을 수
  있어요.

또르띠야해산물샐러드

또르띠야해산물샐러드에
치즈를 솔솔 뿌려
오븐에서 구우면 술안주나
간식으로도 좋아요.

마늘바질드레싱

재료

또르띠야(중간 크기) 2장, 칵테일새우 8마리, 오징어 몸통 1마리 분량, 홍합 10개, 파마산치즈가루 3큰술, 양상추 4장, 치커리 5줄기, 주황색 대추토마토 5개, 양파 1/4개

마늘바질드레싱 마늘 2쪽, 다진 바질 2작은술, 올리브유 3큰술, 식초 2큰술, 발사믹식초 1큰술, 소금 1작은술

이렇게 만들어요

01 또르띠야는 세모지게 잘라 올리브유를 바른 뒤 마른 팬에 굽는다.

02 칵테일새우는 끓는 물에 데친다. 오징어는 내장을 제거한 뒤 동그란 모양을 살려 썰어 끓는 물에 데친다. 홍합은 입을 벌릴 때까지 삶아 살만 발라낸다.

03 양상추와 치커리는 한입 크기로 뜯어 찬물에 담갔다 건진다.

04 주황색 대추토마토는 2등분한다. 양파는 5cm 길이로 곱게 채썰어 찬물에 담갔다 건진다.

05 마늘바질드레싱 재료의 마늘은 굵직하게 썰어 올리브유를 두른 팬에 넣고 구운 뒤 체에 밭쳐 기름기를 뺀다.

06 마늘의 기름이 어느 정도 빠지면 마늘바질드레싱의 나머지 재료와 섞어 드레싱을 만든다.

07 접시에 구운 또르띠야를 깔고 채소와 해물을 섞어서 올린 뒤 드레싱과 파마산치즈가루를 뿌린다.

감자양파날치알샐러드

노릇하게 구운 감자와 톡톡 씹히는 날치알을 새콤달콤한 오렌지드레싱에
버무리면 먹을수록 배부른 핑거푸드 샐러드가 완성됩니다.

재료

감자 2개, 양파 1개, 치커리 4줄기, 미니
로사 6줄기(또는 양상추 3장), 날치알 3
큰술, 소금 · 후추 · 올리브유 약간씩
오렌지드레싱 오렌지 1/2개, 양파 1/4개,
올리브유 3큰술, 식초 2큰술, 설탕 1큰
술, 소금 1작은술

오렌지드레싱

이렇게 만들어요

01 감자는 껍질째 잘 씻은 뒤 7mm 두께로 썰어 찬물에
담가 전분기를 뺀다.

02 양파는 곱게 다져 소금 약간을 뿌려 절인 뒤 물기가
나오면 꼭 짜서 수분을 제거한다.

03 치커리와 미니로사는 먹기 좋은 크기로 뜯어 찬물에
담갔다 건진다.

04 1의 감자에서 전분기가 다 빠지면 체에 밭쳐 수분을
제거하고 소금, 후추를 뿌려 올리브유를 두른 팬에 노
릇하게 굽는다.

05 오렌지드레싱 재료의 오렌지는 껍질을 까고 과육만
떠내 양파와 함께 깍둑썬 뒤 오렌지드레싱의 나머지
재료와 함께 믹서에 넣고 갈아 드레싱을 만든다.

06 치커리, 미니로사를 구운 감자 위에 올리고 다진 양파
와 날치알을 드레싱에 버무려 올린다.

고구마사과시리얼샐러드

바쁜 아침, 현대인의
식사 대용으로 사랑받는 시리얼,
이제부터는 고구마사과시리얼샐러드로
색다르게 즐겨보세요.
종이컵이나 도시락에 담아내면
언제 어디서나 간편하게 먹을 수 있어요.

단팥드레싱

재료

고구마(중간 크기) 2개(400g), 사과 1개, 시리얼 5
큰술
단팥드레싱 빙수용 팥 3큰술, 우유 2큰술, 쌀눈유 1
큰술, 소금 1/2작은술

cooking point

단팥드레싱을 만들 땐 기호에
따라서 입자가 약간 씹히도록
조금만 갈거나 플레인 요거트를
넣어 묽게 만드는 것도 좋아요.

이렇게 만들어요

01 고구마는 껍질째 잘 씻어 부드럽게 찐 뒤 사방 1.5cm 크기로 깍둑썬다.

02 사과는 껍질째 잘 씻어 씨를 제거하고 사방 1.5cm 크기로 깍둑썬다.

03 분량의 단팥드레싱 재료를 믹서에 넣고 간다.

04 고구마와 사과를 고루 섞어 담고 드레싱을 뿌린 뒤 시리얼을 올린다.

03

Health info >> 고구마

고구마는 섬유질이 풍부하여 변비 해소에 도움을 주지요. 섬유질은 장내 고형물을 증가시켜
변통을 촉진하여 변비를 해소하는데, 변이 장에 머무르는 시간이 짧아지면 대장암의 예방 효
과도 있어요. 또한 비타민A와 비타민E가 풍부하여 면역력을 높이고 노화를 예방하는 작용도
합니다.

꼬치구이샐러드

평소 채소를 잘 먹지 않는 사람도
좋아하는 재료와 채소를 함께
꼬치에 꿰서 내놓으면 잘 먹죠.
여기에 볶음밥을 곁들이면
야외 바비큐 메뉴로도
좋은 이색 샐러드가 만들어집니다.

허브버터드레싱

재료

프랑크소시지 10개, 베이컨 4장, 방울토마토 10개,
쥬키니호박 1/5개, 빨강·노랑 파프리카 1/4개씩, 양
파 1/4개, 로메인 상추 1포기, 찬밥 2그릇, 올리브유
약간
허브버터드레싱 버터 3큰술, 다진 바질 2작은술, 다
진 파슬리 1작은술, 곱게 다진 양파 2큰술, 곱게 다진
마늘 1작은술, 레몬즙 1큰술, 발사믹식초 1작은술, 소
금 1작은술

이렇게 만들어요

01 프랑크소시지는 칼집을 낸 뒤 끓는 물에 살짝 데친다. 베이컨은 끓는 물
   에 살짝 데친 뒤 돌돌 만다.
02 쥬키니호박은 1cm 두께의 반달 모양으로 도톰하게 썬다. 파프리카는 씨
   를 빼고 호박 크기로 네모지게 썬다.
03 방울토마토는 2등분하고 양파는 파프리카 크기로 네모지게 썬다. 로메
   인 상추는 한입 크기로 뜯어 찬물에 담갔다 건진다.
04 팬에 허브버터드레싱 재료를 넣고 버터가 녹을 정도로 데운다.
05 꼬치에 프랑크소시지와 베이컨, 채소를 띄엄띄엄 꿴다.
06 팬에 올리브유를 살짝 두르고 드레싱을 발라가며 꼬치를 굽는다.
07 꼬치를 구워낸 팬에 찬밥을 넣고 볶아 꼬치와 함께 곁들인다.

오렌지훈제연어샐러드

식욕을 돋우는 연어는
지방이 많아 조금 느끼한 맛이 있죠.
상큼한 오렌지나 레몬을 곁들이면
연어의 비린내와 느끼함을 잡아줘
궁합이 좋은 샐러드를 만들 수 있어요.

재료

훈제 연어 슬라이스 6장, 오렌지 1개, 껍질콩 15~20개, 치커리 약간, 양파 1/4개, 소금 · 후추 · 레몬즙 약간씩
크림치즈드레싱 크림치즈 3큰술, 플레인 요거트 2큰술, 레몬즙 1큰술, 다진 케이퍼 2작은술, 소금 1작은술, 흰후추 약간

이렇게 만들어요

01 훈제 연어는 후추와 레몬즙을 뿌린 뒤 키친타월 위에 올려 기름기를 뺀다.
02 오렌지는 껍질을 벗기고 과육만 칼로 떠낸다.
03 껍질콩은 억센 줄기를 제거하고 소금을 약간 넣은 물에 살짝 삶아 찬물에 헹군다.
04 치커리는 한입 크기로 뜯고 양파는 곱게 채썰어 찬물에 담갔다 건진다.
05 크림치즈드레싱 재료를 고루 섞은 뒤 냉장고에서 차게 보관한다.
06 접시에 껍질콩, 치커리, 양파를 고루 섞어 담고 오렌지와 연어를 올린 뒤 드레싱을 뿌린다.

01

02

cooking Point

· 훈제 연어에 레몬즙을 뿌리면 육질에 탄력이 생겨서 좋아요.
· 오렌지의 과육만 잘라내는 것을 '섹션뜨기'라고 하는데 남은 과육은 갈아서 주스나 드레싱을 만들어 먹으면 좋아요.

오렌지훈제연어샐러드를 만들고
남은 재료로 만든

훈제연어베이글

부드러운 크림치즈를 바른
베이글과 블랙커피 한 잔이면
근사한 뉴욕식 아침
식사가 완성됩니다.
여기에 훈제 연어와
약간의 채소를 곁들이면
든든한 샌드위치가 만들어져요.

재료

베이글 1개, 훈제 연어 3장, 양상추 1장, 치커리 약간,
양파 1/4개, 오이 피클 슬라이스 2조각, 소금 · 후추 ·
레몬즙 약간, 크림치즈드레싱 2큰술

이렇게 만들어요

01 베이글은 가로로 2등분해 마른 팬에 구운 뒤 단면에 크림치즈드레싱을 바른다.

02 훈제 연어는 소금, 후추, 레몬즙을 뿌려두었다가 키친타월로 눌러 기름기를 닦
아낸다.

03 양상추와 치커리는 먹기 좋은 크기로 뜯어 찬물에 담갔다가 건지고 양파와 오
이 피클은 굵직하게 다진다.

04 베이글(아랫부분), 양상추, 치커리, 다진 양파, 오이 피클, 훈제 연어, 베이글(윗
부분) 순으로 올린다.

가볍고 날씬하게 즐기는 샐러드 한 접시!

오일 드레싱은 피하고 낮은 열량의 재료로 구성한 샐러드!

Part 5

부담 없이 가벼운
다이어트 샐러드

감자토마토샐러드

몸의 산성화를 막아주는
알칼리성 탄수화물 감자와
혈액을 맑게 해주고 칼로리가
낮은 토마토는 다이어트와
피부 미용에 좋아요.

양파파인애플드레싱

재료

감자 2개, 방울토마토 20개, 메추리알 5개, 미니로
사 1포기(또는 양상추 4장)
양파파인애플드레싱 양파 1/4개, 파인애플 링 1조
각(30g), 식초 2큰술, 올리브유 1큰술, 레몬즙 1큰
술, 설탕 1작은술, 소금 1작은술

이렇게 만들어요

01 감자는 껍질째 잘 씻어 삶은 뒤 껍질을 벗기고 사방 2cm 크기로 깍둑썬다.

02 방울토마토는 끓는 물에 데친 뒤 껍질을 벗긴다.

03 메추리알은 잘 삶아 껍질을 깐다.

04 미니로사는 한입 크기로 뜯어 찬물에 담갔다 건진다.

05 양파파인애플드레싱의 재료 중 양파와 파인애플은 큼직하게 썰고 나머
지 양파파인애플드레싱의 재료와 함께 믹서에 담고 곱게 갈아 드레싱을
만든다.

06 미니로사를 접시에 깔고 나머지 재료를 드레싱에 버무려 올린다.

01

02

cooking Point

• 감자나 고구마를 삶을 때는 단맛이 빠지지 않도록 껍질째 삶는 것이 가장 좋아요.
• 방울토마토는 끓는 물에 넣고 바로 꺼낸 뒤 얼음물이나 찬물에 담가두면 껍질이 더
잘 벗겨져요.

메밀소바샐러드

식이섬유와 효소가 살아 있는 메밀면은
밀가루가 제한되는 다이어트에
효과적인 대체식품이 될 수 있지요.
미네랄과 무기질이 가득한
새싹채소와 함께 먹으면 포만감도 더해
가벼운 식사로 좋아요.

흑초드레싱

재료

메밀면 80g, 새싹채소 2팩(100g), 양상추 2장, 구운 김 1/2장
흑초드레싱 흑초 2큰술, 곱게 간 무 3큰술, 간장 2큰술, 설탕 1작은술, 참기름 1큰술

이렇게 만들어요

01 메밀면은 6cm 정도의 길이로 자른 뒤 끓는 물에 넣어 삶는다. 거품이 차고 물이 끓어오르면 찬물을 두어 번 부어 부드럽게 삶아 찬물에 씻어 건진다.

02 새싹채소는 체에 밭쳐 씻는다. 양상추는 한입 크기로 뜯어 찬물에 담갔다 건진다.

03 구운 김은 가위를 이용해 4cm 정도 길이로 자른다.

04 분량의 흑초드레싱 재료를 고루 섞어 드레싱을 만든다.

05 양상추와 새싹채소를 접시에 담고 메밀면을 돌돌 말아 올린 뒤 구운 김과 드레싱을 뿌린다.

cooking Point

메밀면이 끓어오를 때 찬물을 부으면 열이 속까지 고르게 전달되어 전체적으로 부드럽게 익어요.

양배추당근샐러드

양배추와 당근은 살짝 볶으면 단맛이 증가하고 지용성 영양성분의 흡수를 촉진하는 작용을 해요.
고소한 참깨미소드레싱을 곁들여 먹으면 색다른 맛의 양배추와 당근을 즐길 수 있어요.

재료

양배추 4장, 당근 1/3개, 양파 1/4개, 다
시마 육수 2큰술, 식용유 2작은술
참깨미소드레싱 참깨 2큰술, 미소 1큰
술, 다시마 육수 2큰술, 식초 2큰술, 참
기름 1큰술, 설탕 1작은술

참깨미소드레싱

이렇게 만들어요

01 양배추, 당근, 양파는 5cm 길이로 도톰하게 채썬다.
02 분량의 참깨미소드레싱 재료를 믹서에 넣고 곱게 갈
   아 드레싱을 만든다.
03 다시마 육수와 식용유를 두른 팬에 양배추를 넣고 아
   삭하게 볶는다.
04 양배추가 익으면 당근과 양파를 넣고 재빨리 볶아낸다.
05 접시에 볶은 채소를 담고 드레싱을 뿌린다.

cooking Point

채소를 볶을 때 팬에 기름을
살짝 두른 뒤 물(또는 육수)을
넣어 볶으면 칼로리를 줄일 수
있고 느끼함도 사라져요.

곤약연근샐러드

칼슘이 풍부하고
지방 흡수를 조절하는 곤약은
다이어트에 매우 좋은 식재료예요.
아삭한 생연근은
몸속 노폐물을 배출하고
피부를 맑게 만드는 작용을 해요.

들깨드레싱

재료
실곤약 1컵(200g), 연근 150g, 양상추 3장, 치커리
3~4줄기, 빨강 · 주황 · 노랑 미니파프리카 1개씩,
식초 2작은술
들깨드레싱 들깨가루 2큰술, 들기름 1큰술, 식초 2
큰술, 레몬즙 1큰술, 설탕 2작은술, 소금 1/2작은술

이렇게 만들어요

01 실곤약은 끓는 물에 데친 뒤 체에 밭쳐 물기를 뺀다.
02 연근은 껍질을 벗겨 5mm 두께로 썰고 식초를 푼 물에 살짝 담갔다 건진다.
03 양상추와 치커리는 한입 크기로 뜯어 찬물에 담갔다 건진다.
04 미니파프리카는 잘 씻은 뒤 동그란 모양을 살려 썬다.
05 분량의 들깨드레싱 재료를 섞어 드레싱을 준비한다.
06 실곤약, 연근, 양상추, 치커리, 미니파프리카를 볼에 담고 드레싱을 넣어
    버무린다.

Health info >> 곤약

곤약은 구약나물 분말로 만든 알칼리성 식품이에요. 곤약에는 칼슘뿐만 아니라 특수 효소가
들어 있어 장을 정화하고 장에서의 지방 흡수를 조절해 영양을 과잉 섭취했을 때도 좋은 작
용을 합니다. 곤약은 장의 숙변을 제거하는 데 이용되어 왔고, 소화와 흡수를 활발하게 해주
며, 세포를 활발하게 해서 해독작용을 합니다. 먹을 때는 살짝 데쳐 먹어야 특유의 냄새가 나
지 않으며 남은 것은 찬물에 담가 냉장 보관하세요.

사과양배추석류샐러드

다이어트를 할 때는 수분을 보충하기 위해 과일을 많이 먹게 됩니다.
하지만 과일의 유기산은 위벽에 무리를 주므로 위를 보호하는 양배추를 같이 곁들여 먹으면 좋아요.

재료

사과 1개, 양배추 2장(120g), 석류
1/4개
씨겨자요거트드레싱 씨겨자 1큰술,
플레인요거트 1/2컵, 꿀 1작은술, 레
몬즙 1큰술, 소금 1/2작은술

씨겨자요거트드레싱

이렇게 만들어요

01 사과는 껍질째 잘 씻어 도톰하게 채썬다.

02 양배추는 잘 씻어 사과 두께로 채썬다.

03 석류는 껍질을 깐 뒤 알만 떼서 준비한다.

04 분량의 씨겨자요거트드레싱 재료를 고루 섞어 드레싱
   을 만든 뒤 사과, 양배추, 석류에 넣고 고루 버무린다.

Health info >> 석류

석류는 비타민C가 풍부하고 칼륨과
칼슘 등의 성분이 들어 있어요. 또
식물성 에스트로겐이 들어 있어 여
성의 미용과 건강에 좋아요.

곤약연근샐러드 · 사과양배추석류샐러드를
만들고 남은 재료로 만든

연근요거트주스 &
양배추석류주스

석류 빛깔이 덧입혀진
상큼한 양배추석류주스는
꿀이나 올리고당을 넣지 않아도
고유의 단맛이 있어 부담이 없어요.
다이어트로 인한 변비로 고생한다면
연근요거트주스로 해결하세요.

연근요거트주스

재료

연근 100g, 플레인 요거트(또는 과일 요거트) 1컵, 얼음 1/2컵

이렇게 만들어요

01 연근은 껍질을 벗겨 큼직하게 깍둑썬다.
02 믹서에 연근과 플레인 요거트, 얼음을 넣고 곱
　게 간다.

양배추석류주스

양배추 1장, 석류 1/4개, 얼음물 1/2컵

이렇게 만들어요

01 양배추는 잘 씻어 큼직하게 깍둑썬다.
02 석류는 껍질을 까고 알만 떼서 준비한다.
03 양배추, 석류, 얼음물을 믹서에 담고 곱게 간
　뒤 체에 밭쳐 건더기를 걸러낸다.

꽈리고추 연두부샐러드

꽈리고추의 캡사이신 성분은
신진대사를 촉진해 다이어트에
도움을 주고 다량 함유된 비타민은
면역력 강화에 좋아요.
부드러운 연두부와 생강폰즈드레싱을
곁들이면 먹을수록 가벼운
다이어트 샐러드가 만들어져요.

생강폰즈드레싱

재료

꽈리고추 두 줌(200g), 토마토 1개, 연두부 1/2모, 양
파 1/4개

생강폰즈드레싱 생강즙 2작은술, 간장 2큰술, 다시
마가스오부시 육수 2큰술, 식초 2큰술, 설탕 1큰술, ,
참기름 2작은술, 통깨 1작은술

이렇게 만들어요

01 꽈리고추는 잘 씻어 꼭지를 따고 김이 오른 찜통에 5분 정도 찐 후 뚜껑
   을 열고 여열로 뜸을 들인다.
02 토마토는 끓는 물에 데쳐 껍질을 벗기고 사방 1.5cm 크기로 깍둑썬다.
03 연두부와 양파는 사방 1cm 크기로 깍둑썬다.
04 분량의 생강폰즈드레싱 재료를 잘 섞어 드레싱을 만든다.
05 찐 꽈리고추는 드레싱에 버무려 접시에 담고 두부와 토마토, 양파를 올
   린 뒤 남은 드레싱을 뿌린다.

cooking Point

꽈리고추는 너무 오랜 시간 익히면 색이 바래고 무른 식감이 나서 좋지 않아요.

닭가슴살아보카도샐러드

남녀 구분 없이 다이어트를 시작하면
제일 먼저 찾게 되는 식재료가
바로 고단백 저칼로리의 닭가슴살이지요.
퍽퍽한 닭가슴살에 아보카도를 곁들이면
훨씬 부드러운 식감으로
닭가슴살을 즐길 수 있답니다.

석류식초드레싱

재료
닭가슴살 2쪽(300g), 아보카도 1/4개, 오이 1/2개,
노랑·주황 파프리카 1/4개씩, 양상추 3장, 치커리
4줄기
석류식초드레싱 석류식초 3큰술, 다진 양파 3큰술,
다진 마늘 1작은술, 소금 1/2작은술, 설탕 약간

이렇게 만들어요

01 닭가슴살은 부드럽게 데쳐 먹기 좋은 크기로 잘게 뜯는다.

02 아보카도는 씨를 제거하고 껍질을 벗긴 뒤 5mm 두께로 모양을 살려 썬다.

03 오이와 파프리카는 5cm 길이로 도톰하게 채썬다.

04 양상추와 치커리는 먹기 좋은 크기로 뜯어 찬물에 담갔다 건진다.

05 접시에 닭가슴살, 아보카도, 오이, 파프리카, 양상추, 치커리를 섞어 올
리고 분량의 석류식초드레싱 재료를 섞어 뿌린다.

01

02

cooking Point

• 닭가슴살은 부드럽게 익힌 뒤 결대로 뜯어 먹으면 소화가 더욱 잘 됩니다.

• 아보카도는 세로로 칼집을 넣은 뒤 반으로 갈라 씨를 제거하고 껍질을 벗겨 과육을
손질하세요.

시금치딸기호두샐러드

시금치는 칼슘과 철분이 풍부한 채소로 반복되는 다이어트와 월경으로 빈혈에 고생하는 여성이나 성장기 아이에게 좋은 식재료예요. 달콤한 딸기와 고소한 호두를 곁들이면 각종 영양성분이 고르게 들어간 건강 샐러드가 완성됩니다.

● 레몬제스트드레싱

재료

시금치 10포기(200g), 딸기 1컵(150g), 양파 1/4개, 호두 4쪽, 올리브유 약간

레몬제스트드레싱 다진 레몬 껍질 1큰술, 레몬즙 3큰술, 설탕 1큰술, 올리브유 1큰술, 소금 1/2작은술

이렇게 만들어요

01 시금치는 잘 씻어 포기를 나눈다. 호두는 끓는 물에 데쳐 굵직하게 다진다.

02 딸기는 잘 씻어 꼭지를 따고 2~4등분한다. 양파는 5cm 길이로 곱게 채 썬다.

03 팬에 올리브유를 살짝 두르고 다진 호두를 볶는다.

04 호두를 볶아낸 팬에 시금치와 양파를 넣고 센불로 재빨리 볶아낸다.

05 4를 접시에 담고 딸기를 올린 뒤 분량의 레몬제스트드레싱 재료를 섞어 뿌린다.

cooking Point

· 시금치는 밑동에 칼을 넣고 잘라 포기를 나누는데 이때 단맛이 도는 분홍빛의 줄기는 되도록 잘라내지 않게 주의하세요.

· 호두를 볶은 팬에 시금치와 양파를 볶으면 고소한 호두향이 배어 좋아요. 시금치의 숨이 죽기 전에 재빨리 볶아 아삭한 맛을 살리는 것이 포인트예요.

생청국장샐러드

생청국장에 채소를 곁들여 먹으면
장운동을 촉진시켜 변비를 예방하고
노폐물이 몸속에 쌓이는 것을
막아준답니다.
단맛이 있는 배를 곁들이면
청국장 특유의 냄새와
끈적임이 줄어들어 좋아요.

연겨자참깨드레싱

재료

생청국장 3큰술, 배 1/2개, 치커리 10줄기, 구운 김
1/4장
연겨자참깨드레싱 연겨자 2작은술, 참깨 2큰술, 다
시마 육수 2큰술, 국간장 2작은술, 참기름 1큰술

이렇게 만들어요

01 생청국장은 팩에서 꺼내 실이 잘 생기게 젓가락으로 저어둔다.

02 배는 5cm 길이로 채썰고 치커리는 한입 크기로 뜯어 찬물에 담갔다 건
진다.

03 구운 김은 가위를 이용해 4cm 길이로 잘게 자른다.

04 분량의 연겨자참깨드레싱 재료를 고루 섞어 드레싱을 만든다.

05 접시에 배와 치커리를 섞어서 담고 생청국장을 올린 뒤 드레싱을 뿌리고
구운 김을 올린다.

01

Health info >> 생청국장

생청국장(낫토)은 가미가 되지 않은 콩 발효식품으로 몸에 이로운 바실러스균이 풍부해 건강
에 좋아요. 당뇨 예방과 콜레스테롤 수치 감소 등 생활습관병에 좋은 건강식품이랍니다. 생청
국장에 포함된 바실러스균은 끈적끈적한 실이 많이 생길수록 활성화되기 때문에 먹기 전에
젓가락으로 저어두는 것이 좋아요.

볶은양파가지샐러드

음식 양을 줄여 몸에 들어오는 칼로리를 제한하는 것만큼 몸속에 쌓인 독소를 배출하는 것도 중요한 다이어트 포인트예요. 양파는 대표적인 디톡스 식품으로 혈관 정화와 심혈관계 질환 예방에 탁월한 식재료랍니다.

● 유자폰즈드레싱

재료

양파 1개, 가지 1개, 식용유 1큰술, 물 2큰술, 소금 약간
유자폰즈드레싱 유자청 1큰술, 다시마가스오부시 육수 2큰술, 간장 1과1/2큰술, 식초 1큰술, 레몬즙 1큰술, 설탕 1작은술

이렇게 만들어요

01 양파는 5cm 길이로 곱게 채썬다.

02 가지는 도톰하고 어슷하게 잘라 소금을 살짝 뿌려 절인다.

03 달군 팬에 식용유를 두르고 양파를 노릇하게 볶아낸다.

04 양파를 볶았던 팬에 물을 살짝 두르고 소금에 절인 가지를 볶아낸다.

05 유자폰즈드레싱 재료 중 다시마가스오부시 육수를 만든다. 다시마 육수에 가스오부시를 넣고 가스오부시가 가라앉으면 체로 걸러낸다.

06 다시마가스오부시 육수와 유자폰즈드레싱의 나머지 재료를 섞어 드레싱을 만든 뒤 볶은 양파와 볶은 가지 위에 뿌린다.

02

05

cooking Point

가스오부시는 오래 우리면 텁텁하고 비린 맛이 나므로 끓는 다시마 육수에 넣고 5분 정도 우린 뒤 바로 체로 걸러 사용합니다.

버섯토마토시금치샐러드

버섯은 100g당 10Kcal 이하인
저칼로리 다이어트 식재료예요.
풍부한 섬유질로 장운동을 촉진해
잉여 영양분이 체내에 쌓이는 것도
막아주지요. 영양 불균형으로
부족하기 쉬운 철분을 시금치가
보충해줘 영양 균형도 좋아요.

발사믹드레싱

재료

시금치 10포기(200g), 새송이버섯 1개, 표고버섯 1
개, 양송이버섯 2개, 토마토 1/2개, 양파 1/4개
발사믹드레싱 발사믹식초 2큰술, 올리브유 1큰술,
다진 마늘 1작은술, 소금 1/2작은술, 후추 약간

이렇게 만들어요

01 새송이버섯, 표고버섯, 양송이버섯은 먹기 좋은 크기로 썰고 토마토는
    6~8등분한다.
02 시금치는 잘 다듬어 줄기를 나누고 양파는 얇게 채썬다.
03 팬에 물을 약간 두르고 채썬 양파와 버섯을 볶는다.
04 양파와 버섯이 노릇해지면 시금치와 토마토를 넣은 뒤 발사믹드레싱 재
    료를 넣고 재빨리 볶아낸다.

cooking Point

버섯과 양파는 노릇하게 볶고 토마토와 시금치는 숨이 죽을 정도로만 센불에서 단시간
에 볶아야 아삭한 식감이 살아 있어요.

딸기돌나물샐러드

봄을 대표하는 식재료,
딸기와 돌나물은
맛도 영양도 잘 어울리는 짝꿍이에요.
입안 가득 상큼한 레몬땅콩드레싱을
곁들이면 브런치도 간단하게
먹을 수 있는 샐러드가 완성됩니다.

레몬땅콩드레싱

재료

딸기 200g(2컵), 돌나물 한 줌(100g), 양파 1/4개,
치커리 3줄기
레몬땅콩드레싱 레몬즙 3큰술, 다진 레몬 껍질 약
간, 곱게 다진 땅콩 2큰술, 올리브유 1큰술, 설탕 1
큰술, 소금 1작은술

이렇게 만들어요

01 딸기는 잘 씻어 꼭지를 따고 2~4등분한다.

02 돌나물은 잘 씻어 먹기 좋은 크기로 손질한다.

03 양파는 곱게 채썰고 치커리는 먹기 좋은 크기로 잘라 찬물에 담갔다 건
진다.

04 분량의 레몬땅콩드레싱 재료를 고루 섞어 드레싱을 만든다.

05 볼에 딸기, 돌나물, 양파, 치커리를 담고 드레싱을 뿌린 뒤 살살 버무린다.

02

cooking Point

딸기는 씻기 전 꼭지를 따는 것보다 씻고 나서 꼭지를 따야 단맛이 빠지지 않아요.

재료

돼지고기 안심 250g, 사과 1/2개, 파인
애플 링 1조각, 양파 1/4개, 비타민 3포
기, 오크잎 4줄기(또는 치커리 4줄기),
마늘 3쪽, 양파 1/4개
연겨자드레싱 연겨자 1큰술, 물 2큰술,
식초 2큰술, 설탕 1작은술, 소금 1작은
술, 참기름 1작은술, 간장 약간

연겨자드레싱

돼지안심편채샐러드

돼지고기안심은 지방이 거의 없고 맛이 부드러워
고단백 저칼로리 다이어트 건강식이에요.
연겨자드레싱은 신진대사를 높여주고
흡수와 배출을 촉진해서 돼지안심편채샐러드와
환상의 궁합을 자랑합니다.

이렇게 만들어요

01 사과, 파인애플, 양파는 한입 크기의 부채꼴 모
양으로 썬다.

02 돼지고기는 핏물을 뺀 뒤 양파와 마늘을 넣고
부드럽게 삶아 식힌다.

03 비타민은 잘 씻어 포기를 나누고 오크잎은 먹
기 좋은 크기로 썰어 찬물에 담갔다 건진다.

04 연겨자드레싱 재료의 연겨자를 물에 부드럽게
푼 뒤 나머지 연겨자드레싱 재료를 섞어 드레
싱을 만든다.

05 과일과 채소를 고루 섞어 접시에 담고 돼지고
기를 얇게 썰어 올린 뒤 드레싱을 뿌린다.

Cooking Point

• 고기를 삶을 때 포크로 눌러보
아 핏물이 나오지 않고 단단하
게 탄력이 생겨 포크가 튕겨져
나온다면 속까지 고루 익은 거
예요.

• 연겨자는 설탕이나 식초가 닿
으면 잘 풀어지지 않기 때문에
먼저 물에 곱게 풀어주세요.

그릴오징어샐러드

매일 생채소로 배를 채우다 보면 아무리 맛이 있어도 질리기 마련이지요. 일상에서 즐겨 먹는 평범한 식재료를 그릴에 노릇하게 구워보세요. 그릴 자국이 살짝 난 채소와 오징어가 잃어버린 식욕을 살려줄 거예요.

오리엔탈드레싱

재료

오징어 1마리, 가지 1개, 애호박(또는 쥬키니호박) 1개, 청·홍피망 1개씩, 참기름 2작은술, 소금·후추 약간씩

오징어마리네이드소스 올리브유 1작은술, 다진 마늘 1작은술, 발사믹식초 1작은술, 레몬즙 1작은술, 파슬리가루·소금·후추 약간씩

오리엔탈드레싱 식초 2큰술, 다진 양파 2큰술, 간장 1큰술, 참기름 1큰술, 발사믹식초 1작은술, 다진 마늘 1작은술, 소금·후추 약간씩

이렇게 만들어요

01 오징어는 배를 가르지 않은 상태로 다리를 잡아 당겨 내장을 제거한다.

02 내장을 제거한 오징어는 잘 씻어 잔칼집을 넣고 수분을 없앤 뒤 분량의 오징어마리네이드소스 재료에 넣어 재어둔다.

03 채소는 큼직하게 썰어 참기름, 소금, 후추에 살살 버무린다.

04 잘 달군 팬이나 그릴에 오징어와 채소를 구워낸다.

05 오징어는 적당한 크기로 잘라 구운 채소와 함께 접시에 담고 오리엔탈드레싱 재료를 섞어 뿌린다.

cooking Point

- 오징어를 미리 재어두면 오래 익혀도 질기지 않고 밑간이 배어 나중에 드레싱을 많이 뿌리지 않아도 싱겁지 않아요.
- 충분히 달군 팬이나 그릴에 오징어와 채소를 올려야 식감이 죽지 않고 육즙이 나오지 않으며 쫄깃하게 익어요.

우엉셀러리샐러드

식이섬유가 풍부하고
이눌린이라는 당질이 있어 당뇨와
성인병 예방에 좋은 우엉은
생으로 먹었을 때 단맛이 강해
샐러드 재료로 좋아요.

● 호두두부드레싱

재료
우엉 1대, 셀러리 1대, 식초 1큰술
호두두부드레싱 호두 3쪽, 두부 1/4모, 두유 1/2컵,
레몬즙 3큰술, 설탕 2큰술, 올리브유 1큰술, 소금 1
작은술

이렇게 만들어요

O1 우엉은 껍질을 벗기고 필러로 연필을 깎듯이 깎아 식초물에 담갔다 건
진다.

O2 셀러리는 5cm 정도 길이로 잘라 섬유질을 벗겨내고 굵직하게 채썰어 찬
물에 담갔다 건진다.

O3 분량의 호두두부드레싱 재료를 믹서에 넣고 입자가 약간 씹히도록 적당
히 간다.

O4 우엉과 셀러리를 그릇에 담고 드레싱을 뿌린다.

cooking Point

• 우엉을 연필 깎듯이 손질하면 섬유질이 살아 있어 생으로 먹어도 아삭아삭해요.
• 셀러리의 섬유질을 칼로 살짝 벗겨낸 뒤 사용하면 소화가 잘되어 생으로 먹어도 부
담이 없어요.

잣토핑마샐러드

다이어트 식단을 살펴보면
지방이나 단백질을 극도로 제한하는데
이러한 영양 불균형은 탈모와
피부 건조 등의 부작용을 가져옵니다.
잣토핑마샐러드는 거칠어진 피부와
모발에 윤기를 주고 상한 속을
부드럽게 달래줘요.

두부레몬드레싱

재료

마 100g, 오이 1/4개, 당근 1/4개, 양상추 4장, 치커리 5줄기, 잣 1큰술, 식초 2작은술
두부레몬드레싱 두부 1/4모, 레몬즙 3큰술, 다진 레몬 껍질 1큰술, 두유 1/2컵, 설탕 1큰술, 올리브유 2작은술, 소금 1/2작은술

이렇게 만들어요

01 마는 껍질을 벗기고 5mm 두께로 썰어 식초물에 담갔다 건진다.

02 오이와 당근은 동그란 모양을 살려 5mm 두께로 썬 뒤 찬물에 담갔다 건진다.

03 양상추와 치커리는 한입 크기로 뜯어 찬물에 담갔다 건진다.

04 잣은 마른 팬에 노릇하게 볶아낸다.

05 두부레몬드레싱 재료의 두부는 끓는 물에 데쳐 깍둑썬 다음 두부레몬드레싱의 나머지 재료와 함께 믹서에 넣고 간다.

06 접시에 마와 채소를 고루 섞어 담고 드레싱을 뿌린 뒤 구운 잣으로 토핑한다.

cooking Point

• 잣을 볶을 때는 잣이 군데군데 노릇해질 정도로 볶아야 고소한 맛이 살아나요.
• 두부는 산 성분과 만나면 멍울지므로 식초 대신 레몬즙과 다진 레몬 껍질을 사용하는 게 좋아요.

재료

자색고구마(중간 크기) 1개, 사과 1/2개,
비타민 2포기
마배드레싱 마 50g, 배 1/6개, 식초 2큰
술, 레몬즙 1큰술, 쌀눈유 1큰술, 설탕 1
작은술, 소금 1작은술

마배드레싱

자색고구마샐러드

자색고구마는 일반 고구마보다
수분량이 적어서 삶으면 약간
퍽퍽한데 생으로 먹거나 튀겨 먹으면
일반 고구마보다 달아서 좋아요.

이렇게 만들어요

01 자색고구마는 잘 씻어 껍질을 벗기고 5mm 두
께로 어슷하게 반달썰기한다.

02 사과는 껍질째 잘 씻어 2~3등분하고 자색고구
마와 같은 크기로 두께의 초생달 모양으로 썬다.

03 비타민은 잘 씻어 포기를 나눈다.

04 마배드레싱의 마와 배는 껍질을 벗기고 큼직하
게 썬 뒤 마배드레싱의 나머지 재료와 함께 믹
서에 넣고 간다.

05 접시에 고구마, 사과, 비타민을 잘 섞어 담고
드레싱을 뿌린다.

Health info >> 마

마는 산에서 나는 뱀장어라고 불릴 정도로 영양소가 풍부해요.
탄수화물과 단백질, 철, 칼슘 등이 풍부한 알칼리성 식품으로
특유의 끈끈한 성분인 뮤신이 소화를 돕고 위나 장에 도움을
줍니다. 마와 배를 함께 갈면 배의 석세포가 마의 끈끈함을 없
애주고 단맛을 주어 청량감 있는 드레싱을 만들 수 있어요.

토마토달걀로메인샐러드

토마토와 삶은 달걀을 넣은 샐러드에 양파를 볶아 단맛과 감칠맛을 높인 볶은양파드레싱을 함께 곁들이면 복잡하게 이것저것 장 볼 필요 없이 간편하게 만들 수 있는 다이어트 샐러드가 완성됩니다.

볶은양파드레싱

재료

토마토 1개, 달걀 1개, 로메인 상추 1포기, 적치커리 3줄기
볶은양파드레싱 다진 양파 4큰술, 레드와인식초 2큰술, 올리브유 1큰술, 물 1큰술, 발사믹식초 1작은술, 소금 1/2작은술

이렇게 만들어요

01 토마토는 잘 씻어 5mm 두께로 도톰하게 썬다.
02 달걀은 완숙으로 삶아 5mm 두께로 썬다.
03 로메인 상추와 적치커리는 한입 크기로 뜯어 찬물에 담갔다 건져 접시에 깐다.
04 볶은양파드레싱 재료 중 올리브유와 물을 팬에 두른 뒤 다진 양파를 넣고 노릇하게 볶는다.
05 양파가 노릇하게 볶아지면 볶은양파드레싱의 나머지 재료를 넣고 불을 끈다.
06 로메인 상추와 적치커리를 깐 접시에 토마토와 달걀을 올리고 드레싱을 끼얹는다.

cooking point

양파의 단맛이 충분히 우러나도록 중불에서 오랜 시간 볶아서 사용하는 것이 좋아요.

Plus Recipe

토마토달걀로메인샐러드를 만들고
남은 재료로 만든

달걀모닝롤샌드위치

삶은 달걀과 볶은양파드레싱이
남았다면 모닝빵에 넣고 한입 크기의
샌드위치를 만들어보세요.
바쁜 아침 온가족이 들고 먹으면서
간단하게 요기할 수 있는
초스피드 식사가 만들어져요.

재료

잡곡 모닝빵 4개, 달걀 1개, 토마토 1/2개, 양상추 2장,
다진 피클 2큰술, 올리브유 1큰술, 볶은양파드레싱 4
큰술

이렇게 만들어요

01 잡곡 모닝빵은 반으로 갈라 올리브유를 두른 팬에 노릇하게 굽는다.

02 달걀은 완숙으로 삶아 5mm 두께로 썬다.

03 토마토는 도톰하게 썬다.

04 모닝빵 크기에 맞추어 양상추를 깔고 볶은양파드레싱을 올린 뒤 달
걀, 토마토, 피클을 올리고 나머지 빵을 덮는다.

샐러드로 완성하는 우리집 초록빛 식탁!

밥·국과 잘 어울려 반찬처럼 먹는 샐러드!

Part 6

식탁의 포인트!
한식 샐러드

낙지달래샐러드

타우린이 풍부해 쫄깃한 낙지와
매콤쌉사름한 달래를 버무리면
밥 한 그릇 뚝딱인
맛있는 샐러드가 만들어져요.

까나리액젓드레싱

재료

낙지 1마리, 달래 한 줌(100g), 오이 1/2개, 양파 1/4
개, 홍고추 1/2개, 밀가루 적당량
까나리액젓드레싱 까나리액젓 2큰술, 물 2큰술, 고
춧가루 1큰술, 깨소금 1큰술, 참기름 1큰술, 설탕 1
큰술, 다진 마늘 2작은술

이렇게 만들어요

01 낙지는 내장을 제거하고 밀가루에 바락바락 문질러 씻은 뒤 끓는 물에
데쳐 5cm 정도 길이로 썬다.
02 달래는 잘 씻어 5cm 길이로 썬다. 오이, 양파, 홍고추는 4cm 길이로 도
톰하게 채썬다.
03 분량의 까나리액젓드레싱 재료를 섞어 드레싱을 만든다.
04 낙지, 달래, 오이, 양파, 홍고추를 고루 섞어 담고 드레싱을 뿌린다.

01

cooking Point

산 낙지는 소금으로, 냉동 낙지는 밀가루로 바락바락 씻어야 살이 물러지지 않고 흡반
에 붙은 기생충이나 개펄을 제대로 빼낼 수 있어요.

참치다다끼샐러드

겉만 살짝 구운 다다끼는
일본식 조리 방법이지요.
비싼 참치살이 없어도
참치 통조림만 있다면
색다른 다다끼 샐러드가 만들어져요.

잣레드와인식초드레싱

재료

큐브형 참치 통조림 1개(또는 일반 참치 통조림 작은 것 1개), 새송이버섯 2개, 양송이버섯 4개, 표고버섯 2개, 양파 1/4개, 양상추 4장, 치커리 3줄기, 방울토마토 5개
밑간 올리브유 · 소금 · 후추 약간씩
잣레드와인식초드레싱 굵게 다진 구운 잣 1큰술, 레드와인식초 2큰술, 올리브유 2큰술, 발사믹식초 1작은술, 소금 1작은술, 후추 약간

이렇게 만들어요

01 참치 통조림은 체에 밭친 뒤 밑간 재료로 살짝 간하여 마른 팬에 겉만 노릇하게 굽는다(일반 참치 통조림을 사용할 경우 참치를 살짝 볶아낸다).

02 새송이버섯은 도톰하게 반달썰기한다. 양송이버섯과 표고버섯은 4~6등분한다. 양파는 굵게 다진다.

03 양상추와 치커리는 한입 크기로 잘라 찬물에 담갔다 건진다. 방울토마토는 2등분한다.

04 참치를 구워낸 팬에 버섯과 양파를 노릇하게 볶아낸다.

05 분량의 잣레드와인식초드레싱 재료를 섞어 드레싱을 만든다.

06 접시에 양상추, 치커리, 방울토마토, 양파를 담고 볶은 버섯과 참치를 올린 뒤 드레싱을 뿌린다.

cooking Point

• 참치를 살짝 구우면 훈제 참치를 먹는 것 같은 색다른 맛이 나고 비린내도 제거됩니다.
• 참치향이 밴 팬에 양파와 버섯을 볶으면 맛이 어우러져서 좋아요.

돼지안심콩나물샐러드

돼지고기 안심, 콩나물, 초고추장.
모두 밥반찬에 자주
응용하던 식재료들이죠?
이들이 한데 뭉치면 감칠맛 나는
한국식 샐러드가 완성됩니다.

과일즙초고추장드레싱

재료

돼지고기 안심 300g, 콩나물 300g, 대파 1대, 오이 1/2개, 양파 1/4개, 당근 1/6개, 소금 약간
밑간 마늘 3쪽, 양파 1/4개
과일즙초고추장드레싱 갈아낸 키위 3큰술, 고추장 3큰술, 식초 3큰술, 다시마 육수 1큰술, 깨소금 2작은술, 참기름 2작은술, 설탕 1작은술, 다진 마늘 1작은술

이렇게 만들어요

01 돼지고기는 핏물을 제거해 물을 넉넉히 부은 냄비에 밑간 재료와 함께 넣어 부드럽게 삶은 뒤 식힌다.

02 콩나물은 거두절미한 뒤 소금을 약간 넣고 자작하게 물을 부어 찌듯이 데쳐 재빨리 식힌 뒤 얇게 썬다.

03 대파, 오이, 양파, 당근은 5cm 길이로 곱게 채썰어 찬물에 담갔다 건진다.

04 분량의 과일즙초고추장드레싱 재료를 섞어 드레싱을 만든다.

05 콩나물, 대파, 오이, 양파, 당근을 고루 섞어 드레싱에 버무린 뒤 접시에 담고 돼지고기를 올려 남은 드레싱을 끼얹는다.

cooking point

데치기 시작할 때 뚜껑을 열었다면 끝까지 열어놓고, 뚜껑을 닫았다면 중간에 열지 않고 삶아야 비린내가 나지 않아요. 콩나물이 다 익으면 바로 찬물에 씻은 뒤 넓은 접시에 펴서 재빨리 식혀내세요.

마늘튀김그린샐러드

고소하고 바삭한 마늘튀김은
단조로운 그린 채소 샐러드에
씹는 재미를 주어 좋아요.
마늘과 어울리는 유자수삼드레싱으로
가족들의 건강도 챙기세요.

유자수삼드레싱

재료

마늘 10쪽, 로메인 상추(큰 것) 1포기, 겨자잎 5장,
적양파 1/4개, 블랙올리브 4개, 튀김유 적당량
유자수삼드레싱 수삼 1대, 유자청 2큰술, 식초 2큰
술, 물 2큰술, 레몬즙 1큰술, 소금·설탕 1작은술씩

이렇게 만들어요

01 마늘은 모양을 살려 얇게 썬 뒤 180℃로 달군 튀김유에 노릇하게 튀겨낸다.

02 로메인 상추와 겨자잎은 먹기 좋은 크기로 뜯어 찬물에 담갔다 건진다.

03 적양파는 곱게 채썰어 찬물에 담갔다 건진다. 블랙올리브는 모양을 살려
   슬라이스한 뒤 끓는 물에 살짝 데친다.

04 유자수삼드레싱 재료의 수삼은 깨끗이 씻어 깍둑썰고 나머지 유자수삼
   드레싱의 재료와 함께 믹서에 넣어 곱게 간다.

05 채소와 블랙올리브를 고루 섞어 접시에 담고 드레싱을 뿌린 뒤 튀긴 마
   늘을 듬뿍 올린다.

cooking Point

• 마늘은 너무 온도가 높은 팬에 넣으면 까맣게 타버리므로 중불에서 천천히 튀기세요.

• 수삼의 향을 살리려면 껍질과 잔뿌리도 버리지 말고 사용하는 것이 좋아요.

문어해초샐러드

탱글탱글한 문어와 바다내음 가득한 해초를
레몬고추폰즈드레싱에 버무려 먹으면
색다른 맛의 한식 샐러드가 완성됩니다.

재료

자숙문어(큰 것) 다리 2개(200g), 염장
모둠해초 두 줌(250g), 치커리 4줄기
레몬고추폰즈드레싱 다진 레몬 껍질 2작
은술, 레몬즙 2큰술, 다진 청양고추 2작
은술, 간장 2큰술, 다시마 육수 2큰술, 설
탕 1큰술

레몬고추폰즈드레싱

이렇게 만들어요

01 자숙문어는 해동한 뒤 끓는 물에 살짝 데쳐 한입 크
기로 어슷하게 저며 썬다.

02 모둠해초는 물에 잘 씻어 염분기를 빼고 먹기 좋은
크기로 썰어 데친다. 치커리는 한입 크기로 뜯어 찬
물에 담갔다 건진다.

03 레몬고추폰즈드레싱 재료를 섞어 드레싱을 만든다.

04 그릇에 모둠해초, 문어, 치커리를 고루 섞어 담고 드
레싱을 뿌린다.

cooking Point

자숙문어는 이미 익혀 나온 것
이지만 끓는 물에 살짝 데친
뒤 사용해야 살이 부드럽고 잡
내가 나지 않아요.

크랩맛살샐러드

부드럽고 고소한 아보카도드레싱은
샐러드의 단조로운 맛을
풍부하게 만들어주고
살짝 데친 크랩맛살은
예쁜 색감으로 식욕을 돋웁니다.

아보카도드레싱

재료

양상추 5장, 치커리 5줄기, 오이 1개, 양파 1/4개,
당근 1/4개, 크랩맛살 4개
아보카도드레싱 아보카도 1/2개, 양파 1/4개, 식초
3큰술, 레몬즙 2큰술, 설탕 2큰술, 소금 1작은술, 후
추 약간

이렇게 만들어요

01 양상추와 치커리는 한입 크기로 뜯어 찬물에 담갔다 건진다.

02 오이, 양파, 당근은 5cm 길이로 곱게 채썰어 찬물에 담갔다 건진다.

03 크랩맛살은 끓는 물에 데친 뒤 손으로 잘게 찢는다.

04 아보카도드레싱 재료의 아보카도와 양파는 깍둑썰고 나머지 아보카도드
레싱 재료와 함께 믹서에 넣어 곱게 간다.

05 접시에 채소를 고루 담고 크랩맛살을 올린 뒤 드레싱을 뿌린다.

03

04

cooking point

• 크랩맛살이나 어묵 같은 어육류는 끓는 물에 한번 데쳐서 안 좋은 성분을 모두 빼내
고 사용하는 게 좋아요.

• 아보카도는 지방이 많아 따로 오일을 넣지 않아도 충분히 부드러워요.

매운홍합샐러드

잘 익은 홍합살과 배추를 버무려
매콤한 칠리드레싱에 버무리면
밥반찬과 술안주로 좋은
별미 샐러드가 만들어져요.

칠리드레싱

재료

홍합 6컵(400g), 배추속대 10장(300g), 양파 1/4개,
당근 1/6개, 월계수잎 1장
칠리드레싱 칠리소스 2큰술, 다진 청 · 홍고추 2작
은술씩, 올리브유 3큰술, 레몬즙 3큰술, 다진 마늘
2작은술, 설탕 1작은술, 소금 약간

이렇게 만들어요

01 냄비에 홍합이 잠길 정도의 물을 붓고 홍합과 월계수잎을 넣어 데친다.

02 배추, 양파, 당근은 6cm 정도 길이로 곱게 채썬다.

03 분량의 칠리드레싱의 재료를 섞어 드레싱을 만든다.

04 데친 홍합에 드레싱을 반 정도 덜어 버무린다.

05 그릇에 채소를 고루 담고 드레싱에 버무린 홍합을 올린 뒤 남은 드레싱
을 뿌린다.

cooking Point

홍합은 데치기 전에 잔털과 이물질을 깨끗이 손질한 뒤 허브나 마늘 등의 향신채소를
넣고 데쳐야 비린 맛이 없어요. 집에 월계수잎이 없다면 마늘이나 양파로 대체해도 좋
아요.

삼겹살마늘종샐러드

아삭한 마늘종과 야들야들 익힌 삼겹살을 함께 먹으면 영양과 맛을 고루 갖춘 샐러드가 만들어져요.
평소 삼겹살을 먹을 때도 마늘종을 미소드레싱에 버무려 곁들여 먹으면 좋아요.

미소드레싱

재료

돼지고기 삼겹살 샤브샤브용 200g, 마늘종 300g, 양파 1/2개, 소금 약간
밑간 미소 2작은술, 다진 마늘 1작은술, 설탕 1작은술, 깨소금 1작은술, 참기름 2작은술
미소드레싱 미소 2큰술, 다시마 육수 3큰술, 식초 2큰술, 참기름 2큰술, 깨소금 1큰술, 설탕 1큰술

이렇게 만들어요

01 돼지고기는 넓게 펴 밑간 재료를 발라 20분 정도 재운 뒤 달군 팬에 기름 없이 노릇하게 굽는다.
02 마늘종은 7~8cm 길이로 잘라 세로로 길게 썬 뒤 소금물에 살짝 데친다.
03 양파는 5cm 길이로 곱게 채썰어 찬물에 담갔다 건진다.
04 분량의 미소드레싱 재료를 고루 섞어 드레싱을 만든다.
05 접시에 마늘종과 양파를 고루 섞어 담고 돼지고기를 올린 뒤 드레싱을 끼얹는다.

01

02

cooking Point

• 삼겹살을 미리 밑간하여 구우면 누린내가 나지 않고 육질이 부드러워져 좋아요.
• 이른 봄의 여린 마늘종을 사용한다면 데치지 않고 생으로 먹어도 맵지 않아요.

닭구이양상추샐러드

다진 마늘로 풍미를 더하고
청주로 누린내를 제거한
닭고기는 한 점씩 찢어서
밥반찬으로 먹기 아주 좋아요.

꿀마늘드레싱

재료

닭다리살 2쪽, 양상추 5장, 치커리 4줄기, 양파 1/4 개, 당근 1/6개, 청 · 홍고추 1개씩, 녹말가루 · 식용 유 적당량
밑간 다진 마늘 1큰술, 청주 1큰술
꿀마늘드레싱 꿀 1큰술, 다진 마늘 2큰술, 간장 2큰술, 식초 2큰술, 레몬즙 1큰술

이렇게 만들어요

01 닭다리살은 칼집을 내 두드려 펴고 밑간 재료에 재어둔다. 어느 정도 재어지면 다진 마늘을 털어내고 녹말가루를 고루 묻힌다.

02 양상추와 치커리는 깨끗이 씻은 뒤 한입 크기로 뜯어 찬물에 담갔다 건진다.

03 양파, 당근, 청 · 홍고추는 4~5cm 길이로 곱게 채썬다.

04 잘 달구어진 팬에 식용유를 넉넉히 두르고 녹말가루를 골고루 묻힌 닭다리살을 노릇하게 구운 뒤 한입 크기로 자른다.

05 양상추와 채소를 접시에 담고 닭다리살을 올린 뒤 꿀마늘드레싱 재료를 섞어 뿌린다.

01

04

cooking Point

녹말가루를 묻히기 전에 재어두었던 마늘을 털어내면 굽는 동안 타지 않아요.

북어포미나리샐러드

피로 회복에 좋은 미나리와
영양만점인 북어포를
곁들여 무쳐보세요.
부드럽게 씹히는 북어포가
미나리의 쌉쌀한 맛과
매우 잘 어울려요.

흑임자초고추장드레싱

 재료

북어포 한 줌(70g), 미나리 한 줌(100g), 양파 1/4
개, 홍고추 1/2개
흑임자초고추장드레싱 흑임자 1큰술, 고추장 2큰
술, 고춧가루 1큰술, 식초 2큰술, 설탕 1큰술, 레몬
즙 1큰술, 참기름 1큰술

이렇게 만들어요

01 북어포는 흐르는 물에 재빨리 씻고 볼에 담아 랩이나 행주로 덮어 부드
럽게 한 뒤 먹기 좋은 크기로 뜯는다.

02 미나리는 여린 줄기만 다듬어 3~4cm 길이로 썬다.

03 양파와 홍고추도 미나리 길이에 맞추어 3~4cm 길이로 곱게 채썬다.

04 볼에 북어포를 넣고 흑임자초고추장드레싱 재료를 끼얹어 버무린 뒤 남
은 채소를 넣고 전체적으로 버무린다.

01

04

cooking Point

• 마른 북어포는 양념이 스며들지 않고 식감이 뻣뻣해 좋지 않으므로 살짝 불려서 사
용하는데, 물에 담가 불리면 북어 특유의 감칠맛이 빠져버리므로 흐르는 물에 재빨리
씻은 후 면보나 랩을 덮어 불리세요.

• 드레싱을 버무릴 땐 북어포부터 간을 해야 미나리의 숨이 빨리 죽지 않고 풋내가 나
지 않아요.

돌나물꼬막샐러드

봄, 제철을 맞아 살이 오른 꼬막에
오렌지향 가득한
마늘폰즈드레싱에 곁들이면
춘곤증도 멀리 달아날
건강 샐러드가 만들어져요.

오렌지마늘폰즈드레싱

재료

돌나물 두 줌(200g), 꼬막 1과1/2컵(200g), 오이 1/2개, 양파 1/4개, 청양고추 1개, 무순 약간
오렌지마늘폰즈드레싱 다진 오렌지 껍질 1큰술, 다진 마늘 1큰술, 간장 2큰술, 다시마 육수 2큰술, 레몬즙 2큰술, 설탕 1큰술

이렇게 만들어요

01 꼬막은 충분히 해감하고 소금물에 데친 뒤 살만 발라내 씻어서 체에 밭친다.

02 돌나물은 체에 밭쳐 흐르는 물에 살살 씻어 먹기 좋은 크기로 뜯는다.

03 오이와 양파는 4cm 길이로 곱게 채썬다. 청양고추는 얇게 송송 썰고 무순은 뿌리 끝만 다듬는다.

04 분량의 오렌지마늘폰즈드레싱 재료를 섞어 드레싱을 만든다.

05 그릇에 꼬막, 돌나물, 오이, 양파, 청양고추, 무순을 고루 섞어 담고 드레싱을 뿌린다.

cooking Point

• 꼬막은 데쳐낸 뒤에도 속에 개흙이 남아 있는 경우가 있으니 데치고 나서 한 번 더 씻어내는 것이 좋아요.

• 돌나물은 연해서 너무 오래 씻거나 세게 씻으면 멍이 들어 풋내가 나므로 체에 밭쳐 살살 씻어야 해요.

북어포미나리샐러드 · 돌나물꼬막샐러드를
만들고 남은 재료로 만든

미나리사과주스 &
돌나물파인애플주스

해독 작용이 탁월한 미나리와 돌나물은
쌉쌀한 맛이 강해 먹기가 힘이 들지요.
달콤한 사과와 파인애플을 곁들이면
맛있는 건강 해독 주스가 탄생합니다.

미나리사과주스

재료

미나리 반 줌(50g), 사과 1개, 잘게 부순 얼음 1/2컵, 꿀 약간

이렇게 만들어요

01 미나리는 잘 씻어 손질하고 3cm 길이로 썬다.
02 사과는 잘 씻어 8등분하고 씨를 제거한다.
03 미나리, 사과, 얼음, 꿀을 믹서에 넣고 곱게 간다.

돌나물파인애플주스

재료

돌나물 반 줌(50g), 파인애플 링 1조각(30g), 얼음 1/2컵

이렇게 만들어요

01 돌나물은 살살 씻는다.
02 파인애플은 큼직하게 썬다.
03 돌나물, 파인애플, 얼음을 믹서에 넣고 간다.

새우버섯샐러드

쫄깃한 버섯과 탱글탱글한 새우를
발사믹시트론드레싱에 버무려 먹으면
양식 메뉴와 잘 어울리는
샐러드가 완성됩니다.

재료

새송이버섯 1개, 표고버섯 2개, 만가닥버섯 한 줌
(50g), 칵테일새우 8마리, 양파 1/2개, 양상추 5장,
올리브유 3큰술, 소금·후추 약간씩
발사믹시트론드레싱 발사믹식초 2큰술, 레몬즙 2
큰술, 다진 레몬 껍질 2작은술, 설탕 2작은술, 소
금·후추 약간씩

이렇게 만들어요

01 새송이버섯은 5cm 길이로 잘라 모양을 살려 도톰하게 저며 썬다. 표고
버섯은 기둥을 떼어내고 채썬다. 만가닥버섯은 밑동을 자르고 가닥을 나
누어 준비한다.

02 양파는 굵직하게 다진다. 양상추는 한입 크기로 뜯어 찬물에 담갔다 건
진다.

03 달군 팬에 올리브유 1큰술을 두르고 양파가 투명하게 익을 때까지 충분
히 볶아낸다.

04 양파를 볶은 팬에 버섯을 넣고 남은 올리브유 2큰술을 두른 뒤 센불에서
소금과 후추로 살짝 간하여 2~3분 정도 볶는다.

05 칵테일새우는 해동시킨 뒤 끓는 물에 살짝 데치고 반으로 가른다.

06 접시에 한입 크기로 뜯은 양상추를 깔고 볶은 버섯, 양파, 칵테일새우를
올리고 발사믹시트론드레싱 재료를 섞어 뿌린다.

닭고기 부추샐러드

닭은 성질이 따뜻한 육류로
부추나 인삼, 마늘 등의 양기를 돋우는
채소와 함께 먹으면 보양식으로 좋아요.
새콤달콤한 과일드레싱을 곁들이면
부추의 매운맛도 감소하지요.

키위파인애플드레싱

재료

닭다리살 2쪽, 실부추(영양부추) 100g, 배 1/4개, 양
파 1/4개, 홍고추 1/2개
밑간 화이트와인 1큰술, 소금·후추 약간씩
키위파인애플드레싱 키위 1/2개, 파인애플 링 1/2
조각(15g), 양파 1/4개, 올리브유 3큰술, 식초 2큰
술, 설탕 1작은술, 소금 1작은술

이렇게 만들어요

01

04

01 닭다리살은 사방 2cm 크기로 깍둑썰고 밑간 재료에 살짝 재운 뒤 달군
팬에 올려 노릇하게 굽는다.

02 실부추는 5cm 길이로 썰어 찬물에 담갔다 건진다.

03 배, 양파, 홍고추는 5cm 길이로 곱게 채썰어 찬물에 담갔다 건진다.

04 키위파인애플드레싱 재료의 키위, 파인애플, 양파는 깍둑썰고 나머지 키
위파인애플드레싱 재료와 함께 믹서에 넣어 곱게 간다.

05 접시에 부추, 배, 양파, 홍고추를 고루 섞어 담고 구운 닭다리살을 올린
뒤 드레싱을 뿌린다.

cooking Point

닭다리살은 운동량이 많아 닭가슴살보다 쫄깃한 맛이 일품이지요. 단, 껍질과 지방이
많아 다이어트 중이라면 섭취 전 꼼꼼하게 손질해야 해요.

도토리묵냉이샐러드

도토리묵은 씻은 뒤 양념과 함께 무쳐서 생으로 먹는 게 전부였다면 살짝 구워보세요. 쫄깃한 식감이 생기고 떫은맛이 없어져서 좋아요.

● 고추장아찌드레싱

★ 재료

도토리묵 1모, 냉이 한 줌(100g), 양파 1/4개, 홍고추 1/2개, 식용유 · 소금 약간씩
고추장아찌드레싱 다진·고추장아찌(또는 다진 청양고추) 1큰술, 고추장아찌 간장 3큰술(또는 간장 2큰술), 식초 1큰술, 설탕 1작은술), 참기름 1큰술, 깨소금 2작은술, 다진 마늘 1작은술

이렇게 만들어요

01 도토리묵은 도톰한 정사각형으로 썰어 식용유를 살짝 두른 팬에 노릇하게 부친다.

02 냉이는 겉잎을 떼어내고 잘 씻는다. 굵은 것은 2~3등분한 뒤 소금물에 살짝 데친다.

03 양파와 홍고추는 4cm 길이로 곱게 채썬다.

04 고추장아찌드레싱 재료를 고루 섞어 드레싱을 만든다.

05 접시에 구운 도토리묵을 담고 냉이, 양파, 홍고추를 섞어 올린 뒤 드레싱을 뿌린다.

cooking Point

냉이는 잔뿌리가 많아 여러 번 씻어내지 않으면 생으로 먹었을 때 흙이 씹힐 수도 있어요. 너무 굵은 것은 억센 식감을 주니 가닥을 나누어 한번 데치는 것이 좋아요.

쭈꾸미봄동샐러드

봄이면 알이 꽉 찬 쭈꾸미와 단맛이 가득한 봄동으로 겉절이를 만들어보세요.
지친 입맛을 달래주는 활력 샐러드가 될 거예요.

재료

쭈꾸미 3마리, 봄동(중간 크기) 2포기
(250g), 쪽파 2대, 양파 1/4개, 홍고추 1/2
개, 소금 약간, 밀가루 적당량
겉절이드레싱 멸치액젓 3큰술, 물 4큰술,
고춧가루 2큰술, 깨소금 2큰술, 설탕 1큰
술, 다진 마늘 1큰술, 참기름 1큰술

겉절이드레싱

이렇게 만들어요

01 봄동은 한입 크기로 손질해서 옅은 소금물에 살짝
   절인 뒤 물기를 뺀다.

02 쭈꾸미는 내장을 떼어내고 밀가루로 바락바락 문질
   러 씻은 뒤 심심한 소금물에 헹구어 체에 밭쳐 물기
   를 빼낸다. 물기가 빠지면 끓는 물에 살짝 데친 뒤
   한입 크기로 자른다.

03 쪽파는 4~5cm 길이로 썰고 양파와 홍고추는 곱게
   채썬다.

04 볼에 겉절이드레싱 재료를 섞어둔 뒤 모든 재료를
   넣고 살살 무친다.

cooking Point

해산물을 헹구는 물은 맹물보
다는 너무 짜지 않는 소금물이
좋아요. 해산물의 감칠맛이 빠
지지 않고 신선도도 유지하는
역할을 합니다.

파프리카배참치샐러드

색깔 고운 파프리카와 아삭한 배에
참치 통조림을 곁들여내면
오색이 고르게 들어간
건강 밥반찬 샐러드가 만들어져요.

재료

마늘드레싱

주황 · 노랑 · 빨강 · 초록 파프리카 1개씩, 배 1/2
개, 참치 통조림(작은 크기 1개), 치커리 5줄기, 설
탕 약간

마늘드레싱 다진 마늘 2큰술, 다진 파슬리 1작은술,
올리브유 3큰술, 레몬즙 2큰술, 발사믹식초 1작은
술, 설탕 1작은술, 소금 1작은술

이렇게 만들어요

01 파프리카는 씨를 제거하고 5cm 길이로 채썬다.

02 배는 껍질을 벗기고 초생달 모양으로 도톰하게 썰어 설탕물에 담갔다 건
진다.

03 참치 통조림은 끓는 물을 끼얹은 뒤 체에 밭친다. 치커리는 한입 크기로
뜯어 찬물에 담갔다 건진다.

04 팬에 마늘드레싱 재료의 올리브유와 다진 마늘, 다진 파슬리를 넣고 약
불에서 뭉근하게 볶는다.

05 마늘향이 나면 마늘드레싱의 나머지 재료를 넣고 불을 끈다.

06 파프리카, 배, 참치, 치커리를 접시에 담고 드레싱을 끼얹는다.

O2

O4

cooking Point

마늘을 볶을 때 센불에서 볶으면 마늘이 타고 쓴맛이 나므로 약불에서 뭉근하게 오래
볶아 향을 충분히 내는 것이 좋아요.

제육구이대파샐러드

돼지고기목살은 구워 먹거나 국거리로
자주 먹게 되는 육류지요.
여기에 대파를 곁들이면
돼지고기의 찬 성질이 중화되고
누린내도 제거돼 좋아요.

생강간장드레싱

재료

돼지고기 목살 200g, 대파 4대, 양파 1/4개, 청상추
10장, 치커리 3줄기
밑간 소금·후추 약간씩
생강간장드레싱 다진 생강 1작은술, 간장 3큰술, 식
초 4큰술, 설탕 2큰술, 참기름 1큰술, 청주 1큰술,
깨소금 1작은술, 후추 약간

이렇게 만들어요

01 돼지고기는 먹기 좋은 크기로 잘라 밑간 재료로 밑간한다.
02 대파와 양파는 5cm 길이로 곱게 채썰어 찬물에 담갔다 건진다.
03 청상추와 치커리는 한입 크기로 뜯어 찬물에 담갔다 건진다.
04 팬에 생강간장드레싱 재료를 넣고 자글자글 끓인 뒤 밑간해둔 돼지고기
를 넣고 조리듯이 굽는다.
05 접시에 대파, 양파, 청상추, 치커리를 고루 섞어 담고 구운 돼지고기를
올린 뒤 팬에 남아 있는 드레싱을 뿌린다.

cooking Point

드레싱을 데워 고기를 굽고 마지막으로 모든 재료에 따뜻한 드레싱을 부어내면 파의
매운맛이 없어지고 고기에 풍미가 생겨 좋아요.

도미채소샐러드

도미살을 노릇하게 구운 뒤
갖은 채소에 올려 스테이크처럼
잘라 먹으면 색다른 느낌의
샐러드가 만들어져요.
부추향이 가득한 부추드레싱은
생선의 비린내도 없애줍니다.

재료

 **부추드레싱**

냉동 도미살 200g, 청상추 15장, 청겨자잎 5장, 적
겨자잎 5장, 양파 1/4개, 홍고추 1/2개, 식용유 약간
밑간 소금 · 통후추 약간씩
부추드레싱 다진 실부추 5큰술, 식초 3큰술, 간장
2큰술, 참기름 1큰술, 설탕 1큰술, 고춧가루 2작은
술, 깨소금 2작은술, 다진 마늘 1작은술

이렇게 만들어요

01 부추드레싱 재료를 고루 섞어 미리 만들어둔다.
02 도미살은 밑간 재료에 재서 식용유를 두른 팬에 노릇하게 굽는다.
03 청상추와 청겨자잎, 적겨자잎은 먹기 좋은 크기로 뜯어 찬물에 담갔다
   건진다.
04 양파와 홍고추는 4cm 길이로 곱게 채썰어 찬물에 담갔다 건진다.
05 채소를 고루 섞어 그릇에 담고 구운 도미살을 올린 뒤 드레싱을 뿌린다.

01

02

cooking Point

• 부추는 잘게 다지듯이 썰어야 부추향이 흠뻑 우러나는 부추 드레싱을 만들 수 있어
  요. 또 부추가 절여지면서 농도가 진해지도록 미리 만들어두는 것이 좋아요.
• 도미살을 구울 땐 충분히 달구어진 팬에 구워야 육즙이 빠지지 않아요.

햄양배추파프리카샐러드

햄을 곁들이면 샐러드를 잘 먹지 않는
아이들도 거부감 없이 샐러드를 잘 먹어요.
아이들에게 먹일 햄은 첨가물의
사용 여부를 더욱 꼼꼼히 따지고
끓는 물에 한번 데쳐 사용하세요.

재료

토마토깻잎드레싱

햄 150g, 양배추 3장, 노랑·주황·빨강·초록 파
프리카 1/2개씩, 양파 1/4개, 식용유 약간
토마토깻잎드레싱 깍둑썬 토마토 3큰술, 다진 깻잎
2큰술, 올리브유 3큰술, 식초 2큰술, 발사믹식초 1
큰술, 간장 1큰술, 설탕 1큰술, 소금·후추 약간씩

이렇게 만들어요

01 햄은 사방 1.5cm 크기로 깍둑썰어 끓는 물에 데쳐 체에 밭친 뒤 식용유
를 살짝 두른 팬에 노릇하게 굽는다.

02 양배추, 파프리카, 양파는 5cm 길이로 채썰어 찬물에 담갔다 건진다.

03 분량의 토마토깻잎드레싱 재료를 고루 섞어 드레싱을 만든다.

04 접시에 양배추, 파프리카, 양파를 고루 섞어 담고 햄을 올린 뒤 드레싱을
뿌린다.

cooking Point

• 햄이나 어묵 등의 가공품은 잘게 잘라 데치면 첨가물이 더욱 많이 빠져 나와 좋아요.

• 토마토는 껍질을 벗기고 씨를 뺀 뒤 과육만 깍둑썰어 사용하세요.

• 깻잎은 잘 씻어 돌돌 말아 채썬 뒤 다지면 아주 쉽게 잘게 다질 수 있어요.

새우오이양배추샐러드

담백한 맛의 새우는
누구나 좋아하는 식재료지요.
상큼한 채소와 곁들여 입맛 살리는
연겨자잣드레싱에 버무리면
손님 초대상에 내놔도 손색없어요.

연겨자잣드레싱

재료

새우(중하) 8마리, 오이 1개, 양배추 1장, 양파 1/4개, 치커리 3줄기, 소금 약간
연겨자잣드레싱 연겨자 1큰술, 잣가루 1큰술, 물 2큰술, 식초 2큰술, 설탕 1큰술, 참기름 1큰술, 소금 1작은술

이렇게 만들어요

01 새우는 내장을 제거하고 소금물에 데친 뒤 꼬리 마디만 남기고 껍질을 벗긴다.

02 오이는 5cm 길이로 자른 뒤 직사각형으로 얇고 길게 썬다.

03 양배추와 양파는 5cm 길이, 1cm 너비로 자르고 치커리는 한입 크기로 잘라 찬물에 담갔다 건진다.

04 분량의 연겨자잣드레싱 재료를 고루 섞어 드레싱을 만든다.

05 손질한 새우를 볼에 담고 드레싱을 조금 넣어 버무린 뒤 채소를 넣고 남은 드레싱을 부어 전체적으로 버무린다.

cooking Point

새우를 손질할 땐 두 번째 마디에 이쑤시개를 넣고 내장을 빼낸 뒤 데쳐야 모래가 씹히지 않아요. 또 새우 껍질을 벗길 때는 꼬리 마디를 남겨서 껍질의 일부를 먹어야 껍질에 있는 키틴질로 콜레스테롤 흡수량을 낮출 수 있답니다.

밥반찬 뱅어포도 바삭하게 구워
두부와 채소 위에 올려내면
멋진 샐러드 토핑으로 변신하지요.
뱅어포에는 칼슘이 풍부해
성장기 아이들 영양 간식으로도 좋아요.

뱅어포 연두부샐러드

쪽파드레싱

재료

연두부 1모, 토마토 1/2개, 양상추 5장, 오이 1/4개,
당근 1/3개, 뱅어포 1장, 식용유 약간
쪽파드레싱 송송 썬 쪽파 4큰술, 간장 2큰술, 식초
2큰술, 설탕 1큰술, 참기름 1큰술, 깨소금 2작은술

이렇게 만들어요

01 연두부는 체에 밭쳐 물기를 빼고 숟가락으로 큼직하게 떠서 준비한다.
02 토마토는 꼭지를 떼서 6등분한다. 오이, 당근은 5cm 길이로 곱게 채썬다.
03 양상추는 한입 크기로 뜯어 찬물에 담갔다 건진다.
04 뱅어포는 6×4cm 정도로 잘라 식용유를 살짝 두른 팬에 노릇하게 구
   운 뒤 키친타월로 한번 닦아낸다.
05 분량의 쪽파드레싱 재료를 섞은 뒤 냉장고에 넣어 차게 보관한다.
06 접시에 채소를 담고 두부와 뱅어포를 올린 뒤 드레싱을 뿌린다.

cooking Point

• 연두부를 손질하기 전에 체에 밭치면 수분이 빠지고 탄력이 생겨 쉽게 부스러지지
  않아요.
• 뱅어포는 노릇하게 구운 뒤 키친타월로 기름기를 한번 닦아내야 담백해요.

비프스테이크샐러드

스테이크는 단백질과 지방을
보충하기에는 좋으나 비타민과
식이섬유가 부족한 식재료지요.
스테이크에 풍부한 채소를 곁들여
샐러드로 먹으면
영양 균형이 맞아 좋답니다.

간장발사믹드레싱

재료

쇠고기 등심 200g, 청상추 20장(50g), 적상추 20
장(50g), 겨자잎 5장(10g), 양파 1/4개, 당근 1/6개,
소금 · 후추 약간씩
간장발사믹드레싱 간장 2큰술, 발사믹식초 2큰술,
올리브유 3큰술, 레몬즙 1큰술, 다진 마늘 1작은술,
후추 약간

이렇게 만들어요

01 쇠고기는 핏물을 제거하고 소금, 후추로 밑간한 뒤 달군 팬에 올려 노릇
하게 굽는다.

02 청상추, 적상추, 겨자잎은 한입 크기로 뜯어 찬물에 담갔다 건진다.

03 양파, 당근은 5cm 길이로 곱게 채썰어 찬물에 담갔다 건진다.

04 접시에 채소를 고루 섞어 담고 구운 쇠고기를 잘라 올린 뒤 간장발사믹
드레싱 재료를 섞어 뿌린다.

cooking point

쇠고기는 너무 미리 밑간을 하면 육질이 단단해지니 굽기 10분 전 정도에 간을 해서 굽
거나 구우면서 간을 하는 것이 좋아요.

Plus
Recipe

비프스테이크샐러드를 만들고
남은 재료로 만드는

비프스테이크바게트

비프스테이크샐러드를 만든 뒤
고기와 채소가 남았다면
바게트 빵에 넣고 샌드위치를
만들어보세요. 점심 도시락으로도
좋은 영양 샌드위치가 완성됩니다.

재료

쇠고기 등심 200g, 양상추 2장, 겨자잎 3장, 토마토 1
개, 오이 1/2개, 양파 1/2개, 바게트(작은 크기) 1개, 마
요네즈 2큰술, 소금 · 후추 약간씩, 간장발사믹드레싱 3
큰술

이렇게 만들어요

01 쇠고기는 핏물을 제거하고 소금, 후추로 밑간해서 달군 팬에 노릇하게 구운 뒤 큼직
하게 자른다.

02 바게트는 길게 2등분해 반으로 갈라지지 않게 칼집을 넣는다.

03 양상추와 겨자잎은 한입 크기로 뜯고 토마토와 양파, 오이는 모양을 살려 슬라이스
한다.

04 바게트 안쪽에 마요네즈를 바르고 양상추, 겨자잎, 오이, 토마토, 양파, 쇠고기를
끼운 뒤 간장발사믹드레싱을 뿌리고 나머지 빵을 덮어 끈이나 종이로 고정한다.

만드는 법은 단순해도 매일 먹게 돼요!

특별한 1%를 더해 더욱 맛있는 국가대표 샐러드!

놓치기 쉬운 첫걸음!
기본 샐러드

코울슬로 샐러드

네덜란드어로
'차가운 양배추'라는 뜻의
코울슬로샐러드.
양배추를 주재료로 해서
다양한 재료로 응용이 가능하답니다.

마요네즈 드레싱

재료

양배추 5장, 당근 1/6개, 오이 1/4개, 옥수수 통조림
3큰술, 건포도 1큰술, 소금 약간
마요네즈드레싱 마요네즈 3큰술, 식초 1큰술, 레몬
즙 1작은술, 소금 1작은술, 설탕 1/4작은술, 파슬리
가루 · 흰후추 약간씩

이렇게 만들어요

O1 양배추, 당근, 오이는 5cm 길이로 곱게 채썰어 소금을 약간 뿌려 절인
　　뒤 수분이 배어나오면 꼭 짠다.

O2 옥수수 통조림은 끓는 물에 데친 뒤 체에 밭쳐 물기를 뺀다. 건포도는 체
　　에 밭쳐 흐르는 물에 씻은 뒤 불린다.

O3 분량의 마요네즈드레싱 재료를 섞어 드레싱을 만든다.

O4 볼에 모든 재료를 넣고 드레싱을 뿌려 버무린다.

cooking Point

양배추와 당근, 오이를 절여서 사용하면 오래 두어도 물이 생기지 않고 아삭아삭해요.

케이준치킨샐러드

패밀리레스토랑에서 먹었던
케이준치킨샐러드의 맛이
집에서는 나오지 않는 이유는 바로
'케이준스파이스'라는 양념 때문입니다.
cooking Point를 참고해서
홈메이드 케이준스파이스를 만들어보세요.

허니머스터드드레싱

재료

닭가슴살 2쪽, 양상추 5장, 적치커리 3줄기, 치커리 4줄기, 방울토마토 4개, 블랙올리브 2개, 노랑·주황 파프리카·양파 1/4개씩, 튀김유 적당량
밑간 케이준스파이스 2작은술, 녹말가루 2큰술, 달걀흰자 2큰술
허니머스터드드레싱 마요네즈 4큰술, 머스터드 1큰술, 꿀 1큰술, 레몬즙 2큰술, 소금·후추 약간씩

이렇게 만들어요

01 닭가슴살은 1.5cm 두께로 길게 자른 뒤 밑간 재료에 재어둔다.
02 양상추, 적치커리, 치커리를 한입 크기로 잘라 찬물에 담갔다가 건진다.
03 방울토마토는 2~4등분하고 블랙올리브는 모양을 살려 슬라이스한다.
04 파프리카와 양파는 5cm 길이로 채썬다.
05 재어둔 가슴살은 170℃ 정도의 기름에 넣고 노릇하게 튀겨낸다.
06 채소를 고루 섞어 접시에 담고 튀긴 닭가슴살을 올린 뒤 허니머스타드드레싱 재료를 고루 섞어 뿌린다.

cooking Point

케이준스파이스는 프랑스인들이 미국 루이지애나주로 이주 후 음식에 사용된 양념으로, 마늘·양파·칠리·후추·겨자·샐러리 등을 섞어 만든 매운 양념이에요. 집에 케이준스파이스가 없을 경우 소금, 후추, 파프리카 가루(또는 고춧가루), 파슬리 가루를 약간씩 섞으면 홈메이드 케이준스파이스가 완성됩니다.

미모사샐러드

활짝 벌린 양상추 가운데
체에 내린 달걀노른자가
듬뿍 뿌려진 모양이 꼭
미모사 꽃 같다고 해서
이름 붙여진 샐러드예요.

프렌치드레싱

재료

양상추 1통, 오이 1개, 달걀 2개, 방울토마토 5개,
햄 50g, 마요네즈 3큰술
프렌치드레싱 올리브유 3큰술, 레드와인식초 2큰
술, 다진 양파 1큰술, 레몬즙 1큰술, 설탕 2작은술,
소금 1작은술, 다진 마늘 1작은술

이렇게 만들어요

O1 양상추는 약간 헐렁하고 작은 것을 준비해 뿌리 쪽에 칼집을 넣고 네모
지게 도려낸다.

O2 오이와 햄은 사방 5mm 크기로 썬다.

O3 방울토마토는 4~6등분한다. 달걀은 완숙으로 삶아 흰자는 다지고 노른
자는 체에 내린다.

O4 오이, 햄, 방울토마토, 달걀흰자를 마요네즈에 버무린 뒤 양상추 속에 채
워 넣고 통째로 랩으로 싸 30분 정도 냉장고에 둔다.

O5 30분이 지난 뒤 양상추의 랩을 벗기고 대각선 방향으로 6등분해 양상추
잎을 꽃처럼 벌린다.

O6 가운데 부분에 체에 내린 달걀노른자를 뿌리고 프렌치드레싱 재료를 골
고루 섞어 뿌린다.

O1

O4

로메인 상추 1포기, 블랙올리브 5개, 파
마산치즈가루 2큰술
엔초비드레싱 다진 엔초비 1큰술(또는
멸치젓), 올리브유 3큰술, 소금·후춧가
루 약간씩

엔초비드레싱

클래식 시저샐러드

엔초비는 우리에겐 조금 낯선 식재료지만
'서양 멸치젓' 정도로 생각하면 아주 간단해요.
유럽풍의 클래식한 샐러드를 맛보고 싶다면
클래식시저샐러드를 추천합니다.

이렇게 만들어요

01 로메인 상추는 씻어 밑동을 자르고 다시 길게
반으로 자른다.

02 블랙올리브는 링 모양으로 도톰하게 썬다.

03 분량의 엔초비드레싱 재료를 섞어 드레싱을 만
든다.

04 접시에 로메인 상추를 깔고 블랙올리브와 드레
싱을 뿌린 뒤 파마산치즈가루를 뿌린다.

양배추셀러리샐러드

사우전아일랜드드레싱은
'천 개의 섬'이라는 이름처럼
작은 입자들이 드레싱에
둥둥 떠 있어야 해요.
모든 재료를 섞고 마지막에
새콤달콤한 피클 국물을 부어가며
너무 묽지도, 되지도 않게
농도를 맞춰주세요.

● 사우전아일랜드드레싱

재료

양배추 5장, 셀러리 2대
사우전아일랜드드레싱 마요네즈 3큰술, 피클 국물
2큰술, 케첩 1큰술, 다진 양파 1큰술, 다진 피클 1/2
큰술, 다진 삶은 달걀 1개 분량, 다진 청 · 홍피망 1
큰술씩, 레몬즙 1큰술, 다진 파슬리 1작은술, 소금
1/2작은술, 흰후추 약간

이렇게 만들어요

01 양배추는 6cm 길이로 곱게 채썰고 셀러리는 섬유질을 제거한 뒤 6cm
   길이로 채썬다.

02 피클 국물을 제외한 사우전아일랜드드레싱 재료를 섞은 뒤 피클 국물을
   부어가며 농도를 맞춘다.

03 그릇에 양배추와 셀러리를 고루 섞어 담고 드레싱을 뿌린다.

02

Health info >> 셀러리

셀러리에는 비타민A, 비타민C, 나트륨, 칼슘, 등이 들어 있어요. 또 글루타민산이 들어 있어
고유의 감칠맛을 갖고 있죠. 보통 잎은 버리고 줄기만 사용하는 경우가 많은데, 잎을 남겨두
었다가 볶음 요리나 녹즙으로 만들면 잎에 풍부한 비타민A를 섭취할 수 있답니다.

클래식월도프샐러드

뉴욕의 월도프애스토리아호텔 주방에서
처음 선보인 샐러드이기 때문에
'월도프'라는 이름을 얻은 샐러드예요.
고소하게 씹히는 호두와
사과의 조합이 매력적이랍니다.

재료
→ **마요네즈**

양배추 5장, 셀러리 1대, 사과 1개, 호두 5~6쪽, 소
금 · 후추 · 파슬리가루 약간씩
마요네즈 4큰술

이렇게 만들어요

01 양배추는 사방 1.5cm 크기로 깍둑썬 뒤 소금, 후추를 살짝 뿌려 15분 정
   도 절여둔다.

02 양배추가 절여지면 키친타월로 살짝 눌러 수분을 제거한다.

03 셀러리는 섬유질을 벗기고 사방 1cm 크기로 깍둑썬다.

04 사과는 껍질째 잘 씻어 씨를 빼내고 사방 1.5cm 크기로 깍둑썬다.

05 호두는 마른 팬에 살짝 볶은 뒤 잘게 다진다.

06 볼에 양배추, 셀러리, 사과를 넣고 소금과 후추로 간하여 마요네즈에 버
   무린다.

07 6을 접시에 담고 다진 호두와 파슬리가루를 뿌린다.

cooking point

수분이 나오는 양배추는 절였다 사용해야 오래 두어도 겉물이 돌지 않아요.

01

감자콩매쉬드

스쿱으로 뜬 모양도 예쁘지만
가끔은 이렇게 돔처럼 만들어
큰 접시에 내보세요.
부드러운 감자콩매쉬드에
상큼한 드레싱을 뿌려 먹으면
파티 요리로도 손색없어요.

마요네즈유자청드레싱

재료

감자(중간 크기) 2개, 모둠콩 1/2컵, 소금 약간
마요네즈유자청드레싱 마요네즈 4큰술, 유자청 2
큰술, 소금 1작은술, 후추 · 설탕 약간씩

이렇게 만들어요

01 감자는 잘 삶아 뜨거울 때 껍질을 벗기고 으깬다.
02 모둠콩은 잘 씻은 뒤 소금물에 부드럽게 삶아 건진다.
03 분량의 마요네즈유자청드레싱 재료를 섞어 드레싱을 만든다.
04 감자와 모둠콩을 드레싱에 고루 버무린다.

cooking point

• 콩은 너무 오래 삶으면 메주 냄새가 나고 덜 익히면 풋내가 나요. 냄비에 콩이 잠길
정도의 물을 자작하게 붓고 소금을 약간 넣은 뒤 콩 색깔이 진해지면서 익는 냄새가
나면 불을 끄고 뚜껑을 덮어 뜸을 충분히 들인 후 꺼내면 속까지 잘 익어요.
• 마요네즈에 식초 대신 유자청을 넣으면 단맛을 첨가할 수 있고 깔끔한 맛이 나서 좋
아요.

단호박건포도매쉬드

샐러드 바에서 자주 먹는 단호박건포도매쉬드!
만드는 법은 단순해도, 도시락을 쌀 때나
영양 간식을 만들고 싶을 때 등
실생활에서 가장 많이 써먹을 수 있는
샐러드랍니다.

재료

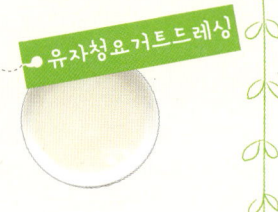

단호박 1/3개, 양파 1/4개, 건포도 4큰술, 볶은 땅콩 2큰술
유자청요거트드레싱 유자청 2큰술, 플레인 요거트 1/2컵, 레몬즙 1큰술, 소금 1/2작은술, 흰후추 약간

유자청요거트드레싱

이렇게 만들어요

01 단호박은 찜통에 쪄서 따뜻할 때 체에 내린다.
02 건포도는 체에 밭쳐 잘 씻은 뒤 부드럽게 불려 굵게 다진다.
03 양파는 곱게 다져 물기가 배어나오면 꼭 짠다.
04 볶은 땅콩은 입자가 씹히도록 굵게 다진다.
05 분량의 유자청요거트드레싱 재료를 섞어 준비한 재료와 함께 버무린다.

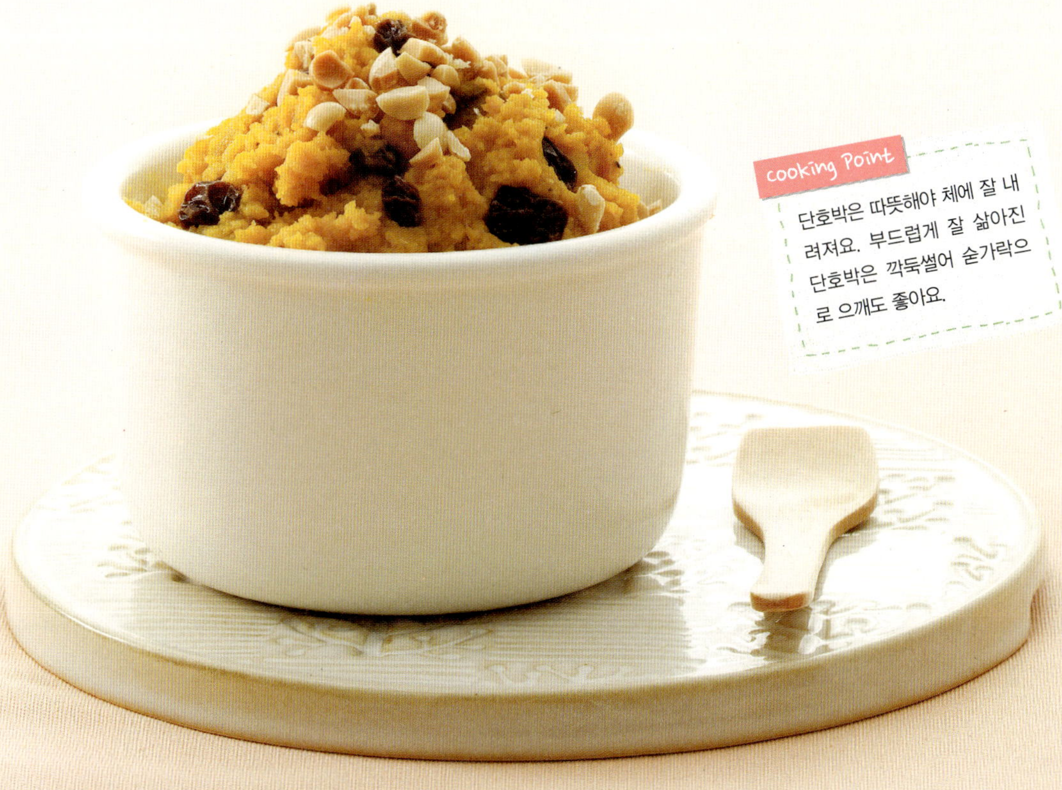

cooking Point
단호박은 따뜻해야 체에 잘 내려져요. 부드럽게 잘 삶아진 단호박은 깍둑썰어 숟가락으로 으깨도 좋아요.

스터프트 샐러드

방울토마토와 오이를 사용해서 만드는 앙증맞은 샐러드입니다. 방과 후 아이를 위한 간식이나 맥주 한 잔 하고 싶은 남편을 위한 술안주로도 그만이랍니다.

재료

방울토마토 10개, 오이 1개
스터프트 일반 참치 통조림 작은 크기 1개, 다진 양파 3큰술, 다진 셀러리 1큰술, 마요네즈 1큰술, 머스터드 1작은술, 소금 · 후추 약간씩

이렇게 만들어요

O1 방울토마토는 꼭지를 떼고 윗부분을 1/3 정도 가로로 잘라 작은 숟가락으로 속을 파낸다.

O2 오이는 껍질을 대충 벗기고 3cm 정도 길이로 잘라 작은 숟가락으로 씨를 파낸다.

O3 스터프트 재료의 참치 통조림은 체에 밭친 뒤 뜨거운 물을 부어 기름을 뺀다.

O4 볼에 **3**과 나머지 스터프트 재료를 섞어 스터프트를 만든다.

O5 속을 파낸 토마토와 오이에 **4**를 소복하게 채워 담는다.

O1

O2

cooking Point

토마토와 오이가 스터프트를 담는 그릇 역할을 하기 때문에 속을 파낼 때는 밑에 구멍이 나지 않게 주의하며 파내세요.

단호박건포도매쉬드 · 스터프트샐러드를
만들고 남은 재료로 만든

단호박밀크 &
토마토오이주스

영양만점 단호박과 우유가 만나
한 잔만으로도 포만감을 주기 때문에
아침식사 대용으로 참 좋은 음료입니다.
풋내 때문에 먹기 버거운 오이주스에는
토마토를 넣어 상큼함을 더했어요.

단호박밀크

재료

단호박 1/6개, 우유 1컵, 꿀 적당량

이렇게 만들어요

O1 단호박은 씨와 껍질을 제거하고 김이 오르는
   찜통에 부드럽게 삶는다.
O2 삶은 단호박을 깍둑썰어 믹서에 담고 우유와
   함께 간 뒤 기호에 따라 꿀을 곁들인다.

토마토오이주스

재료

토마토 1개, 오이 1/2개, 레몬즙 1큰술, 얼음물 1컵, 꿀 적당량

이렇게 만들어요

O1 토마토는 끓는 물에 데쳐 껍질을 벗기고 깍둑
   썬다.
O2 오이는 껍질을 대충 벗기고 깍둑썬다.
O3 믹서에 토마토, 오이, 레몬즙, 얼음물을 담고 곱
   게 갈아 기호에 따라 꿀을 곁들인다.

마카로니샐러드

출출할 때, 입이 심심할 때
가장 먼저 찾게 되는 마카로니샐러드!
먹을 때도 숟가락으로 떠먹으면 되고
만들기도 참 쉬워서
자꾸 손이 먼저 찾아요.

마요네즈요거트드레싱

재료

마카로니 1/2컵(50g), 양배추 4장, 오이 1/2개, 당근 1/6개, 양파 1/4개, 옥수수 통조림 3큰술, 건포도 2큰술, 다진 땅콩 2큰술
마요네즈요거트드레싱 마요네즈 3큰술, 플레인 요거트 3큰술, 식초 2큰술, 레몬즙 1큰술, 설탕 1큰술, 소금 1작은술

이렇게 만들어요

01 마카로니는 7~12분 정도 부드럽게 삶아 체에 밭쳐 식힌다.

02 양배추, 오이, 당근, 양파는 사방 1.5cm 크기로 얇고 네모지게 썬다.

03 옥수수 통조림은 끓는 물에 데쳐 체에 밭친다. 건포도는 체에 밭쳐 씻은 뒤 부드럽게 불린다.

04 볼에 모든 재료를 고루 섞어 담고 마요네즈요거트드레싱 재료를 넣어 버무린다.

01

cooking Point

마카로니는 크기와 굵기에 따라 삶는 시간이 다른데 파스타로 먹을 때보다 조금 넉넉히 삶아야 차갑게 먹어도 딱딱하지 않아요.

과일샐러드

'샐러드' 하면 가장 먼저 떠오르는
친근한 샐러드입니다.
보통 '사라다'라는 이름으로 많이 부르는
간단한 샐러드지만,
마요네즈머스터드드레싱에 버무리면
더욱 맛있어진답니다.

마요네즈 머스터드 드레싱

재료

사과 1개, 단감 1개, 귤 1개, 오이 1/2개, 당근 1/4개,
달걀 1개
마요네즈머스터드드레싱 마요네즈 4큰술, 머스터
드 1작은술, 레몬즙 1큰술, 설탕 1큰술, 소금 1/2작
은술, 후추가루 약간

이렇게 만들어요

01 사과, 단감, 귤은 껍질을 벗기고 사방 2cm 정도 크기로 깍둑썬다.

02 오이와 당근은 사방 1.5cm 정도 크기로 깍둑썬다.

03 달걀은 완숙으로 삶아 흰자는 작게 깍둑썰고 노른자는 체에 내려 고슬고
슬하게 준비한다.

04 준비한 재료를 고루 섞어 마요네즈머스터드드레싱 재료에 버무린 뒤 체
에 내린 노른자를 뿌린다.

cooking Point

달걀노른자는 드레싱을 만들 때 섞어서 뿌려도 좋아요.

지중해식건강샐러드

지중해식건강샐러드는
조리 과정이나 양념을
최대한 배제하고
신선한 올리브유와 식초를 넣어
간단히 먹는 것이 포인트입니다.

지중해식드레싱

재료

시금치(포항초나 섬초) 10줄기, 양송이버섯 4개,
청 · 홍피망 1/4개씩, 양파 1/4개
지중해식드레싱 올리브유 3큰술, 발사믹식초 1큰
술, 소금 약간

이렇게 만들어요

01 시금치는 물에 담가 불린 뒤 잘 씻어 밑동을 잘라 가닥을 나눈다.
02 양송이버섯은 모양을 살려 4~6조각으로 슬라이스한다.
03 청피망, 홍피망, 양파는 곱게 채썬다.
04 접시에 재료를 고루 섞어 담고 지중해식드레싱 재료를 섞어 뿌린다.

01

02

cooking Point

- 시금치는 생으로 먹기 때문에 뿌리 부분이 약간 붉은 포항초나 섬초를 사용하여 단
  맛을 주는 것이 좋아요. 또 밑동이 촘촘한 시금치는 찬물에 담가 불린 뒤 세척하면 줄
  기 사이사이의 이물질을 제거하는 데 효과적이에요.
- 시금치와 양송이를 제외한 채소는 너무 많이 넣지 않는 것이 좋아요. 산미를 느끼고
  싶다면 기호에 따라 레드와인식초나 양조식초를 곁들이세요.

대하해파리샐러드

겨자와 연유를 넣어
부드러운 맛이 있는 연유연겨자드레싱은
밥반찬으로도 아주 좋은 샐러드랍니다.
더운 여름, 시원한 해산물과 톡 쏘는
드레싱으로 기분전환하세요.

연유연겨자드레싱

재료

대하 2마리, 해파리 한 줌(80g), 오이 1개, 당근 1/4
개, 양배추 3장, 배 1/4개, 깐 밤 2개, 달걀 1개, 잣가
루 1큰술
연유연겨자드레싱 연유 1큰술, 연겨자 1큰술, 물 2
큰술, 식초 2큰술, 설탕 1작은술, 소금 1작은술

02

05

이렇게 만들어요

01 대하는 김이 오른 찜통에 7분 정도 찐 뒤 껍질을 벗기고 반으로 갈라 도
톰하게 썬다.

02 해파리는 소금기를 빼고 끓는 물에 데친 뒤 곧바로 얼음물에 담근다.

03 오이, 당근, 양배추, 배는 잘 씻은 뒤 1cm 두께, 4cm 길이로 썰어 찬물
에 담갔다 건진다.

04 밤은 모양을 살려 도톰하게 썬다. 달걀은 황백으로 지단을 부쳐 1cm 두
께, 4cm 길이로 썬다.

05 분량의 연유연겨자드레싱 재료를 섞은 뒤 반 정도 덜어 대하와 해파리에
버무린다. 간이 배면 채소를 담고 고루 섞은 뒤 남은 드레싱을 뿌리고 잣
가루를 올린다.

cooking point

해파리는 끓는 물에 데친 뒤 바로 찬물에 담가야 꼬들꼬들한 식감이 살아요.

독일식 감자샐러드

웨지 모양의 감자에
담백한 감자드레싱이 돋보이는
독일식 감자샐러드는
하루 정도 감자 삶은 물에
푹 절였다가 먹으면
더욱 맛있어요.

재료 · · · · · · · → **감자드레싱**

감자 2개, 양파 1/4개, 월계수잎 1장, 통후추 1/2작
은술, 쪽파 2대
감자드레싱 감자 삶은 물 4큰술, 식초 2큰술, 올리
브유 2큰술, 소금 1작은술, 설탕 1작은술, 통후추
약간

이렇게 만들어요

01 냄비에 감자, 월계수잎, 통후추를 넣고 물을 넉넉하게 부어 감자가 부드
러워질 때까지 삶는다.

02 양파는 곱게 채썰어 찬물에 담갔다 건지고 쪽파는 송송 썬다.

03 삶아진 감자를 껍질째 초생달 모양(웨지컷)으로 자른다.

04 감자드레싱 재료를 볼에 담고 고루 섞은 뒤 감자와 양파를 버무린다.

05 4를 30분 정도 절여두었다가 송송 썬 쪽파를 뿌린다.

01

04

cooking Point

감자와 향신료를 같이 삶으면 감자에 향이 배어 더욱 맛있어요.

콘샐러드

패스트푸드점이나 편의점에서 파는 콘샐러드는 가끔 무엇이 들어갔는지, 언제 제조됐는지 꺼림칙하죠. 이제 집에서 간단하고 맛있는 콘샐러드를 만들어보세요.

재료

옥수수 통조림 1개, 양파 1/2개, 청·홍 피망 1/4개씩, 올리브유 1큰술, 소금·후추·다진 파슬리 약간씩
마요네즈 2큰술

마요네즈

이렇게 만들어요

01 옥수수 통조림은 끓는 물에 데친 뒤 체에 밭쳐 물기를 뺀다.

02 양파, 청피망, 홍피망은 옥수수 크기로 잘게 썬 뒤 소금을 약간 넣고 절여 꼭 짠다.

03 옥수수, 양파, 피망을 볼에 담고 올리브유와 마요네즈, 소금, 후추, 다진 파슬리를 넣어 버무린다.

카프리제 샐러드

화려한 생김새와 달리
만드는 법은 아주 간단해서
만드는 사람도 먹는 사람도
매우 좋아하는 샐러드예요.
모차렐라치즈 대신 연두부를 사용하면
다이어트에 좋은
카프리제를 만들 수 있어요.

바질페스토드레싱

재료

생 모차렐라치즈 1개, 토마토 1개, 양상추 2장, 치커리 3줄기
바질페스토드레싱 바질 1송이, 마늘 1쪽, 잣 2작은술, 파마산치즈 2큰술, 올리브유 3큰술, 발사믹식초 1큰술, 소금·후추 약간씩

이렇게 만들어요

O1 토마토는 도톰하게 썰고 생 모차렐라치즈는 토마토의 크기에 맞춰서 썬다.
O2 양상추와 치커리는 한입 크기로 뜯어 찬물에 담갔다 건진다.
O3 분량의 바질페스토드레싱 재료를 믹서에 넣고 갈아 드레싱을 만든다.
O4 접시에 양상추와 치커리를 담고 모차렐라와 토마토를 번갈아 올린 뒤 드레싱을 뿌린다.

cooking point

신선한 생 바질을 이용해서 만드는 것이 가장 맛있지만 생 바질을 구할 수 없다면 말린 바질 1작은술로 대체하세요.

Plus Recipe

카프리제샐러드를 만들고 남은 재료로 만든

카프리제브루스케타

누구나 먹어보면 반할만한
맛있는 간식입니다.
밑간한 바게트의 달콤함과
바게트 위에 얹은 토핑의 상큼함이
일품이에요.

재료

잡곡 바게트(작은 크기) 1개, 생 모차렐라치즈 1개, 방울
토마토 10개, 치커리 약간, 바질페스토드레싱 3큰술
밑간 올리브유 2큰술, 다진 마늘 1작은술

이렇게 만들어요

01 잡곡 바게트는 1cm 두께로 어슷하게 자른다.

02 밑간 재료를 잘 섞어 잡곡바게트 한쪽에 바른 뒤 180℃로 예열한 오븐에 10
분간 구워내거나 팬에 올려 약불로 굽는다.

03 치커리는 잎만 작게 뜯어 찬물에 담갔다 건진다.

04 방울토마토는 길게 2등분한다. 생 모차렐라치즈는 방울토마토의 크기에 맞
춰 5mm 두께로 자른다.

05 구운 잡곡 바게트 위에 바질페스토드레싱을 바르고 생 모차렐라치즈와 방울
토마토를 올린다.

INDEX _ 샐러드

INDEX _ 드레싱

호두와 건강에 대한 10 가지 진실

1 채식 위주의 식단에는 철, 칼슘, 아연 및 리놀레닉산 등의 영양소가 부족할 수도 있습니다. 이런 영양소들은 모두 캘리포니아 호두에서 섭취할 수 있다고 합니다. 아미노산의 경우, 약 45g의 호두와 육류 28g에 포함된 양이 동일합니다.
(미 농무성 표준 참고용 영양소 분석 자료 13집 - 1999)

2 세계보건기구 (WHO)는 세계적으로 최소한 1억 7천 1백만 명의 사람들이 당뇨병을 앓고 있으며 2030년에는 2배가 증가한 3억 6천 6백만 명에 이를 것이라는 예상을 하고 있습니다. 건강에 좋은 식습관을 유지하면서 호두 한 움큼을 더 섭취할 경우, 2형 (성인형) 당뇨병 환자의 혈중 콜레스테롤 수치가 개선되며 심장병을 예방할 수 있다고 합니다.
(미국당뇨협회 정기 간행물 "Diabetes Care", 2004년 12월호)

3 불포화 오메가-3 지방산인 DHA와 EPA를 정기적으로 섭취하면, 이 두 가지 성분들이 심장 보호 물질로 전환되는 과정에서 부정맥을 예방하고 혈소판의 응집을 줄여 동맥경화증에 걸리는 것을 지연시켜 줍니다. 그 결과 혈압을 낮춰주며 염증을 완화시킴은 물론 심장 혈관의 내벽을 부드럽게 풀어주는 역할을 합니다. DHA와 EPA 생성에 결정적인 도움을 주는 ALA은 체내에 흡수되어 간에서 EPA로 전환되며 EPA의 일부가 다시 DHA로 전환됩니다. 알파 리놀레닉산(ALA)은 호두 기름에 특히 많이 들어있습니다. 정기적으로 알파 리놀레닉산을 섭취하면 심장 발작과 뇌졸중, 돌연사, 협심증, 심장혈관질환의 예방 및 개선에 도움이 됩니다. (펜실베니아 주립대 Dr. Denny Kris Etherton)

4 호두가 건강에 미치는 가장 큰 이점은 콜레스테롤을 감소시킨다는 것입니다. 또한 호두는 중요한 비타민, 미네랄, 단백질 그리고 산화방지제를 함유하고 있습니다. 미네소타 대학과 오슬로 대학의 연구 결과에 따르면 호두는 들장미 열매 다음으로 가장 많은 산화방지제를 함유하고 있는 단일 식품입니다.

5 건강한 동맥은 탄력성 있는 고무 파이프와 같아서 그 안을 통과하는 혈액의 양에 비례하여 원활한 팽창과 수축 활동을 합니다. 하지만 혈중 총 콜레스테롤이 높거나 나쁜 콜레스테롤 즉 저밀도지단백 (LD) 수치가 높은 경우, 동맥 세포의 내벽 조직 기능은 손상을 입고 그 결과 굳어지는 현상이 나타납니다. 그렇게 되면 동맥은 마치 딱딱한 납 파이프처럼 굳어서 운동과 같은 신체 변화로 인해 더 많은 혈액이 순환해야 할 경우도 제대로 팽창할 수 없습니다. 따라서 동맥의 질병인 협심증이 있는 사람의 경우, 달리기 등의 활동을 할 때 가슴의 통증을 느낄 수 있는데, 그것은 동맥이 잘 팽창하지 않아서 심장이 충분한 혈액을 공급받지 못하고 있기 때문입니다. 이러한 현상은 동맥 탄력성의 중요도를 보여주는 단적인 예입니다. 호두를 꾸준히 섭취한다면 동맥의 탄력성을 개선할 수 있습니다.
(스페인 바르셀로나병원 Dr. Emilio Ros의 연구 결과)

6 "콜레스테롤 수치를 낮추는 불포화지방이 함유된 호두를 매일 42.53g 섭취하면 심장 질환을 예방하는데 도움이 된다"는 문구를 호두 및 호두를 함유하는 다양한 제품 겉면에 표기할 수 있도록 단일 식품으로는 최초로 그리고 유일하게 FDA(미국식품의약국)으로부터 허가 받았습니다.

7 호두가 함유하고 있는 멜라토닌과 오메가-3 지방산은 암세포의 성장을 방해하기 때문에 암 발생을 억제합니다. (샌 안토니오 소재 텍사스대학 건강과학센터 Dr. Russel J. Reiter)

8 호두에 풍부한 멜라토닌은 유해(활성)산소를 없애는 항산화 물질로 작용하며, 파킨슨병과 알츠하이머를 예방하는데 큰 효능이 있습니다.
(Dr. Russel J. Reiter)

9 미국에서는 딱딱한 껍질 안에 있는 호두 살의 색깔이 연할수록 품질이 우수한 것으로 평가 받습니다.

10 인간이 발견한 가장 오래된 나무 열매는 호두입니다.

CALIFORNIA Walnut COMMISSION 캘리포니아호두협회
www.walnuts.co.kr

델큐브

스타일을 살리면 요리가 산다

Art in Life, Delcube

동원 **델큐브**참치는,

요리를 해도 **모양이 살아있어 다양한 요리에** 좋습니다.
기름이 적어 **맛이 담백하고 부드럽습니다.**
두뇌개발, 심장병 예방에 좋은 **DHA, 오메가3 지방산**이 풍부합니다.

 동원 모양이 네모난~ **델큐브참치**

대한민국 청정1번지 지리산을 담았습니다.

자연이 키운 프리미엄 닭고기 "자연실록"

지리산을 산책하고, 마늘 호유실을 먹고 깨끗한 공기를 마셨습니다.
그렇게 닭이 먼저 웰빙했습니다.
이제 "자연실록" 이란 건강한 이름으로 더 신선하고 더 맛있게,
당신을 찾아갑니다.

알차고 건강한
자연이야기
자연
實綠실록